Anke Fietzek

Harz

45

MIKROABENTEUER

ZUM ENTDECKEN UND GENIESSEN

360° **medien**

IMPRESSUM

Harz
45 MIKROABENTEUER ZUM ENTDECKEN UND GENIESSEN
Anke Fietzek

© 2021 360° medien
Marie-Curie-Straße 31 | 40822 Mettmann
www.360grad-medien.de

Redaktion und Lektorat: Christine Walter

Satz und Layout: Serpil Sevim-Haase

Gedruckt und gebunden:
Lensing Druck GmbH & Co. KG | Feldbachacker 16 | 44149 Dortmund
www.lensingdruck.de

Bildnachweis: siehe Seite 255

ISBN: 978-3-96855-075-6
Hergestellt in Deutschland

www.360grad-medien.de

Anke Fietzek

Harz

45
MIKROABENTEUER
ZUM ENTDECKEN UND GENIESSEN

360°medien

Vorwort

Der Harz, das höchste Mittelgebirge Deutschlands, mit dem „Berg der Deutschen", dem sagenumwobenen Brocken, wird immer noch sehr unterschätzt. Wer in Süddeutschland zu Hause ist, hat den Harz kaum auf dem Schirm. Wenn man von Norden Richtung Süden fährt, ist es das erste Gebirge, das man erreicht. Auf den ersten Blick nicht ganz so spektakulär wie die bayerischen Alpen, hat der Harz dennoch so Vieles zu bieten. Unglaublich vielfältig und durchaus beeindruckend präsentiert sich die Region seinen Besuchern. Die typische Harzer Gastlichkeit, deftiges Essen, atemberaubende Natur, geschichtsträchtige Gemäuer, unzählige Sagen und mystische Geschichten sowie ein Hauch Ostalgie verzaubern die Besucher auf eine ganz einzigartige Weise.

Naturliebhaber kommen hier voll auf ihre Kosten. An kaum einem anderen Platz kann man so viele Vögel, Rot- und Muffelwild und mit etwas Glück sogar Luchse und Wölfe in freier Wildbahn erleben, was auf die unterschiedlichen Klima- und Vegetationszonen zurückzuführen ist. Auch der große Nationalpark, viele andere Schutzzonen und die unermüdliche Arbeit vieler Einheimischer, die wunderbare Natur zu bewahren, schaffen ein Paradies mitten in Deutschland.

Obwohl der Harz flächenmäßig überschaubar und auch sehr gut erschlossen ist, reicht eine Reise allein nicht aus, um auch nur die bekanntesten touristischen Highlights zu besichtigen. Wer sowieso lieber etwas abseits des Mainstream-Tourismus unterwegs ist, den Harz schon öfter besucht hat oder sogar hier zu Hause ist, der findet in diesem Buch bestimmt die ein oder andere Inspiration, um erneut in die sagenumwobene Bergwildnis zu reisen oder sich noch etwas genauer vor der eigenen Haustür umzusehen. Nicht jeder Punkt des Buches ist ein sogenanntes Highlight, vermittelt aber ein hundert Prozent authentisches Harzerlebnis und kann so vielleicht zu Ihrer schönsten Erinnerung werden.

Seit zehn Jahren reise ich für meine Artikel durch die ganze Welt. Meist in exotische Länder und immer auf der Suche nach „Erinnerungen" neben den überlaufenen Touristenattraktionen. Als geborene Bayerin hatte ich anfangs sogar Zweifel, ob der Harz denn „genug zu bieten hat", aber dank meines Mannes, der in Wernigerode geboren ist, und unseren besten Freunden, wurde ich schnell eines Besseren belehrt. Ich freue mich besonders, meine Heimat,

den Harz, nach so vielen Jahren nun auf ganz spezielle Weise entdeckt zu haben, um die tollsten Erlebnisse in diesem Buch für Sie festhalten zu können.

Viel Spaß beim Entdecken und Erleben! Lassen Sie sich überraschen und halten Sie die Augen offen! Es gibt noch vieles mehr, was diese Region zu bieten hat, und vielleicht bekomme ich den nächsten Tipp sogar von Ihnen – für einen ganz speziellen Heimatmoment.

Anke Fietzek
www.fietzekpro.com

Inhaltsverzeichnis

Höchster Berg im Harz – der Brocken

In den Monaten vor der Veröffentlichung dieses Buchs mussten Lokale und Besucherattraktionen immer wieder aufgrund der Corona-Pandemie ihre Öffnungszeiten einschränken oder zeitweise komplett schließen. Die in diesem Band angegeben Öffnungszeiten wurden gewissenhaft nach dem letzten bekannten Stand recherchiert – mit weiteren Änderungen ist jedoch nach der Pandemie zu rechnen, weshalb wir Lesern empfehlen, während des Aufenthalts im Harz Öffnungszeiten anhand der hier aufgeführten Internetseiten selbst zu überprüfen.

Willkommen im Harz

Die sagenumwobene Bergwildnis ist bekannt für seine Mythen und Legenden und vor allem für die umwerfend schöne Natur. Bis ins Mittelalter wurde die Region als „Hart" bezeichnet, was Bergwald bedeutet. Der Harz vereint drei Bundesländer: Niedersachsen, Sachsen-Anhalt und Thüringen haben einen Anteil an der etwa 2300 Quadratkilometer großen Region. Der Gebirgszug erstreckt sich auf einer Länge von etwa 110 Kilometern und ist bis zu 30 Kilometer breit. Die Landkreise Harz und Mansfeld-Südharz in Sachsen-Anhalt beanspruchen den größten Teil des Harzes. Im westlichen Teil und somit in Niedersachsen gelegen, befinden sich die Landkreise Goslar und Göttingen. Der Landkreis Nordhausen in Thüringen liegt am südlichen Rand. Der Brocken ist mit seinen 1141 Metern der höchste Berg unweit der bunten Stadt Wernigerode in Sachsen-Anhalt, dicht gefolgt von Niedersachsens Wurmberg mit 971 Metern bei Braunlage und dem thüringischen Ehrenberg mit immerhin 635,5 Metern.

Der Harz gilt als geologisch vielfältigstes Mittelgebirge Deutschlands. Forschungen aus dem Jahr 2011 datieren das Brockengranit auf 293 Millionen Jahre, sodass die Entstehung mit dem Zerfall des Superkontinents Pangäa in Verbindung zu bringen ist. Beim Ausbruch einiger Vulkane erstarrte Magma und blieb in der Erdkruste stecken – die Geburtsstunde des höchsten Berges in Norddeutschland. Die Auffaltung der gesamten Mittelgebirgsregion ereignete sich aber bereits vor circa 300 bis 320 Millionen Jahren. Der Iberg bei Bad Grund ist ein Relikt aus dieser Zeit. Es handelt sich um Kalkstein, ein ehemaliges Korallenriff, das von einem tropischen Ozean bedeckt war und durch die Faltung der Landschaft bis auf fast 565 Meter über den Meeresspiegel nach oben gepresst wurde. Im Inneren wurden bis heute mehr als 100 Hohlräume entdeckt. Die „Iberger Tropfsteinhöhle" ist ein bekanntes und beliebtes Ausflugsziel bei Besuchern aus der ganzen Welt. Zahlreiche

Geopunkte wie Besuchersteinbrüche, Schauhöhlen, Schauberg-werke und Findlingsgärten können auf extra angelegten Geo-Wanderwegen und Pfaden im GeoPark Harz. Braunschweiger Land. Ostfalen erkundet werden.

Das nördlichste Mittelgebirge Deutschlands bietet seinen Besu-chern unzählige Möglichkeiten zur Entspannung oder für einen Aktivurlaub. Wanderer kommen auf Hunderte Kilometer lan-gen Wegen voll auf ihre Kosten. Extra angelegte Bikeparks und viele Mountainbike-Trails erlau-ben spektakuläre Fahrten durch die dichten Wälder. Unzählige idyllische Waldseen, Talsperren und Wildwasserstrecken locken Wasserliebhaber an, und die verschneiten Hänge sind im Win-ter sehr beliebt für Abfahrtski, Rodeln und Langlauf.

Mit der Bimmelbahn durch Goslar

Die vielen idyllischen Fach-werkstädtchen und Dörfer bil-den einen perfekten Kontrast zur wild-romantischen Natur und sind Teil der deutschen Fachwerkstraße. Besonderer Beliebtheit erfreuen sich die Ortschaften Wernigerode, Goslar, Quedlinburg, Bad Harzburg, Braunlage, Thale und nicht zuletzt Stolberg, das mit dem Titel „Historische Europastadt" aufwartet.

Wer in den Harz reist, sollte für jedes Wetter gewappnet sein. Vor allem im Oberharz kann das Wetter schnell umschlagen. Atlan-tische Westwinde frischen die Luft regelmäßig auf, und jährlich wird ein Niederschlag von etwa 1600 Millimeter verzeichnet. Im Unterharz hingegen fallen die Regenfälle mit etwa 600 Millime-ter vergleichsweise mild aus. Der Brocken ist außerdem bekannt für sein „eigenes" Wetter. Seien Sie hier auf alles gefasst. Eine Schneehöhe bis zu knapp vier Metern ist keine Seltenheit, wobei sich Schneeverwehungen bis über sechs Meter bilden können und es somit jährlich auch zu Ausfällen der Harzer Schmalspurbahn kommt.

Radauer Wasserfall

Die Flüsse weisen stark schwankende Wasserpegel auf. Gerade nach starken Niederschlägen rollen Wassermassen die engen Schluchten entlang und bringen allerlei Felsen und Geröll mit sich. Bei Wanderungen und Betreten der Flussbetten ist somit immer Vorsicht geboten. Die größten Flussläufe im Harz sind die Oder im Süden, die Bode, Innerste und Oker im nördlichen Teil und im Osten die Wipper.

Erwähnenswert ist, dass eine der wohl berühmtesten Persönlichkeiten dieses Landes im Harz zu Hause war. Der Vater der Reformation und Kirchenkritiker Martin Luther wurde am 10. November 1483 in Eisleben geboren. Weniger bekannt ist, dass er auch als Wegbereiter für den Denkmalschutz und die Denkmalpflege steht; bei seiner Übersetzung der Bibel erschuf er das Wort „Denkmal". Sein Geburtshaus von 1693 in Eisleben gehört seit 1996 zum UNESCO-Welterbe als eines der ältesten Museen Deutschlands. Die ersten dreizehn Lebensjahre, die Luther sehr geprägt haben, verbrachte er mit seiner Familie in Mansfeld. Dort kann man auch heute noch das Elternhaus besichtigen. Weitere Infos unter *martinluther.de*

Auch im Zweiten Weltkrieg spielte der Harz eine Rolle. Am 8. April 1945 wurde er zur Festung erklärt, um Mitteldeutschland gegen die Westalliierten zu verteidigen. Das Hauptquartier der „Harzfestung" lag bei Blankenburg. Schnell stellte sich heraus, dass es keine ernst zu nehmende Festung war, denn die Alliierten konnten den Harz mühelos umgehen und das ohne große Marschverzögerung. Bereits am 11. April hatten die US-Truppen rund 75 Prozent des Harzes besetzt. Am 20. April 1945 gelang mit Widerstand die Besetzung des Brockenplateaus und rund 50.000 deutsche Soldaten wurden in Kriegsgefangenschaft genommen. Bereits im Juli 1945 besetzten sowjetische Truppen den östlichen Teil des Harzes im Zuge der Neuordnung Deutschlands. Die innerdeutsche Grenze zog sich von 1949 bis 1990 durch den Westharz. Das ehemalige militärische Sperrgebiet am Brockenplateau verzeichnet mittlerweile über eine Million Besucher pro Jahr.

Noch heute spielt Blankenburg eine große Rolle. Am Ende des Zweiten Weltkrieges wurde ein riesiges Tunnelsystem unter Tage geschaffen, um an der V2-Waffe zu bauen. Mitte der 1970er-Jahre baute die NVA das unterirdische Gelände atomsicher aus. Es reicht 8000 Meter weit und 80 Meter tief in den Berg. Ein 100 Tonnen schweres Stahltor sichert den Eingang. Auf über 30 Quadratkilometern lagern hier Arzneimittel, und somit handelt es sich hierbei um die größte unterirdische Apotheke weltweit. Heute werden von hier aus Hilfslieferungen für die ganze Welt zusammengestellt und die Versorgung von deutschen Truppen gesichert.

Verschiedene Tafeln erinnern an den Verlauf der innerdeutschen Grenze. Manchen Ortes stehen noch heute Teile der Zäune oder Grenztürme. Weitere Einblicke in die DDR Zeit finden Besucher in mehreren „Ostalgie"- bzw. DDR-Museen.

Blick auf den Brocken

Top 10

DER SEHENSWÜRDIGKEITEN IM HARZ

1 **Der Brocken:** Unumstrittenes Highlight im Harz ist der Brocken, gerne auch „Berg der Deutschen" genannt aufgrund seiner Lage an der ehemals innerdeutschen Grenze. Gerade während der Sommerzeit pilgern wahre Touristenströme gen Gipfel. Die meisten erklimmen den Blocksberg auf einem der verschiedenen Wanderwege; der Goetheweg von Torfhaus aus ist dabei einer der beliebtesten Pfade. Die Route entspricht dem ungefähren Aufstieg von Goethe am 10. Dezember 1777. Im August und September, wenn die Heide im Hochmoor blüht, ist die Landschaft hier besonders bezaubernd. Für geübte Wanderer bietet sich die Tour von Schierke über das

Eckerloch zum Gipfel an. Auf der circa 5,5 Kilometer langen Wanderung erlebt man Natur pur. Festes Schuhwerk und Trittsicherheit sind hier Grundvoraussetzung. Weiterhin empfiehlt sich der Teufelsstieg von Elend über den Brocken nach Bad Harzburg. Wer es lieber gemütlich angeht, der kann eine Planwagenfahrt zum Brocken buchen oder mit der Brockenbahn den Weg zum Gipfel bestreiten; *harzinfo.de/ naturlandschaft-harz/der-brocken-im-harz*

2 **Hexentanzplatz Thale:** Das 454 Meter hohe Felsplateau mit einem tollen Blick auf das Bodetal ist von Sagen und Mythen umwoben. Hier sollen sich seit jeher die Hexen des Harzes in der Walpurgisnacht zusammenfinden, um gespenstische Rituale zu feiern und dann gemeinsam zum Brocken aufzubrechen, wo sie dann um riesige Hexenfeuer tanzen und um die Hand des Teufels anhalten. Zum Plateau fährt man bequem mit der Seilbahn. Die Seilbahnen Thale Erlebniswelt bieten

ten Spaß und Unterhaltung für die ganze Familie. Schon die Fahrt mit der Kabinenbahn ist spektakulär und bietet wunderschöne Aussichten. Oben angekommen lohnt ein Besuch mit Tierpark, im Harzer Bergtheater oder die Abfahrt mit der Allwetterrodelbahn Harzbob Thale; *bodetal.de/bodetalurlaub/ausflugsziele/hexentanzplatz*

3 **Wernigerode:** Die bunte Stadt im Harz bietet seinen Besuchern ein breites Spektrum an Aktivitäten. Der große Marktplatz mit dem wohl schönsten Rathaus Deutschlands und einem wunderschönen Brunnen lädt zum Verweilen ein. Rund um den Platz befinden sich verschiedene Cafés und Restaurants und bieten kulinarische Highlights. Eine Perle der deutschen Schlösser, das Schloss von Wernigerode, thront imposant über der Stadt. Die ehemalige Burg wurde zwischen 1110 und 1120 erbaut und erlangte ihr

jetziges Erscheinungsbild im 19. Jahrhundert. Heute beherbergt das Gebäude ein beliebtes Museum. Ein Besuch lohnt allein wegen des atemberaubenden Blicks auf die Region von den Schlossterrassen aus. Den besten Blick auf das Schloss hat man vom Agnesberg aus, der nach einer kurzen Wanderung über das Christianental erreicht ist; *wernigerode-tourismus.de*

4 **Harzer Schmalspurbahn:** Das gesamte Streckennetz der Harzer Schmalspurbahn umfasst mehr als 130 Kilometer. Eine Fahrt mit der Harzquerbahn von Wernigerode nach Nordhausen oder mit der Selketalbahn von Quedlinburg durch das Selketal zur Eisfelder Talmühle ist ebenso lohnenswert wie die Fahrt mit der Brockenbahn von Drei Annen Hohne auf den Brocken. Sommers wie winters sind es einzigartige Erlebnisse, wenn sich die alten Dampfloks ihren Weg durch den Harz bahnen; *hsb-wr.d*

5 **Quedlinburg:** Seit 1994 trägt die Fachwerkperle den Titel UNESCO-Welterbestadt. Die verwinkelten Gassen, das alte Kopfsteinpflaster und die 2000 wunderschön geschmückten Fachwerkhäuser verleihen der alten Stadt ganz besonderen Charme, und die größte Sehenswürdigkeit ist die Stadt selbst als größtes Flächendenkmal Deutschlands. Besonders interessant ist das Fachwerkmuseum in einem der ältesten Fachwerkhäuser, die in der Ständerbauweise errichtet wurden. Lange Zeit galt dieses im Jahr 1346 erbaute Haus sogar als ältestes Fachwerkhaus Deutschlands, jedoch wurde der Höllenhof, ebenfalls in Quedlinburg, in drei Abschnitten von 1215 bis 1301 errichtet und ist somit älter. Quedlinburg wurde jedoch bereits 922 urkundlich erwähnt und spielt deshalb auch in der deutschen

Geschichte eine Rolle. Sachsenherzog Heinrich wurde 919 hier gekrönt und fand 936 seine letzte Ruhe in Quedlinburg. Einen atemberaubenden Blick über Quedlinburg hat man von dem 42 Meter hohen Sternkiekerturm, der sich auf dem Gelände des Schlosshotels direkt an der historischen Stadtmauer befindet. Zugang erhält man gegen Einwurf einer Ein-Euro-Münze in das Drehkreuz am Eingang. Nach der Stadtbesichtigung ist es Zeit für eine Pause. Diese legt man am besten im weltberühmten Käsekuchencafe „Vincent" am Fuße des Schlossbergs ein. Hier stehen mehr als 130 verschiedene frisch gebackene Käsekuchen zur Auswahl; *quedlinburg.de*

6 **Rammelsberg Goslar:** Der Rammelsberg ist das einzige Erzbergwerk weltweit, dass über ein Jahrtausend lang, nämlich bis 1988, in ständigem Betrieb war. Im Jahr 1992 wurde es als Besucherbergwerk wiedereröffnet und zusammen mit der Altstadt Goslar zur UNESCO-Weltkulturerbestätte ernannt. Verschiedene Führungen Untertage und Übertage sowie wechselnde Sonderausstellungen geben Einblicke in die Abbaugeschichte; *rammelsberg.de*

7 Oberharzer Wasserwirtschaft / Oberharzer Wasserregal:
Für den Bergbau im Harz waren enorme Mengen an Wasser notwendig, um die Energieversorgung zu gewährleisten.

Deshalb schuf man zwischen dem 16. bis 19. Jahrhundert ein Umleitungssystem mit vielen Wassergräben, die die notwendigen Wasserräder antrieben. Es handelt sich um das weltweit bedeutendste vorindustrielle Wasserwirtschaftssystem des Bergbaus und steht bereits seit 1978 unter Denkmalschutz. Wegen der großen Bedeutung wurden die Bauwerke im Jahr 2010 in die Liste der UNESCO-Weltkulturerbestätten aufgenommen; *oberharz.de/sommer/kultur-im-harz/ oberharzer-wasserwirtschaft-unesco-weltkulturerbe*

8 Rappbode Talsperre und die Hängebrücke Titan-RT: Das gigantische Bauwerk ist nicht nur die größte Talsperre Deutschlands, sondern gleichzeitig das Kernstück des Talsperrensystems im Ostharz. Mit

einer Länge von 415 Metern und einer Höhe von 106 Metern können über 100 Millionen Kubikmeter Wasser angestaut werden. Seit über 50 Jahren wird das Bodetal durch die Staumauer vor Hochwasser geschützt. Im Jahr 2017 eröffnete hier die längste Hängebrücke ihrer Art. Die „Titan-RT" spannt sich mit sagenhaften 458,5 Metern über das Staubecken; *bodetal.de/ poi/rappbodetalsperre-1*

9 **Barbarossahöhle:** In der Nähe von Bad Frankenhausen im GeoPark Kyffhäuser liegt dieses wirklich einzigartige Natur-denkmal. Die Höhle ragt rund 1100 Meter in den Felsen hin-ein und ist 25.000 Quadratmeter groß. Es handelt sich um die ein-zige Schauhöhle Europas, die sich im Anhydritgestein befindet. Welt-weit ist lediglich noch eine weitere Höhle dieser Art im Ural bekannt. Der Legende nach schläft noch heute Kaiser Barbarossa im Tanz-saal, der auch der Höhepunkt eines

Besuchs ist. Mit etwas Fantasie kann man den Tisch und den stei-nernen Thron wie in der alten Legende beschrieben entdecken; *barbarossahoehle.de*

10 **Baumwipfelpfad und Baumschwebebahn Bad Harzburg:** Auf dem Baumwipfelpfad lernt man die Natur aus einer anderen Perspektive kennen. Der barrierefreie Pfad führt in luftiger Höhe durch die dichten Baumkronen. Auf einer Weglänge von 1000 Metern gibt es viel zu entdecken. Wer möchte, kann eine der verschiedenen Themenführun-gen buchen. Die Baumschwebe-bahn verändert erneut die Sicht auf den Baumbestand des Burgberges. Seit August 2020 ist es möglich mit einer Flyline über 1000 Meter und einer Geschwindigkeit von maximal 15 Kilometer in der Stunde den Berg hinabzuschweben. Man sitzt in einem Gurtsystem und kann den herrlichen Ausblick ins Tal genie-ßen; *baumwipfelpfad-harz.de*

Kurioses und Besonderheiten

AUS DEM HARZ

✓ **Inspiration für Schriftsteller:** Der Harz ist eine ganz besondere Region, die durch ihre Einzigartigkeit besticht. Viele

Menschen besuchen das Mittelgebirge, um sich von dem hektischen Alltag zu erholen. Auch Dichter und Schriftsteller wie Heinrich Heine, Franz Kafka und Johann Wolfgang von Goethe fanden hier die nötige Inspiration für ihre Werke, nicht zuletzt aufgrund der vielen Mythen und Sagen, die sich um die geheimnisvolle Bergwildnis ranken. Weit bevor der Massentourismus am Brocken einsetzte, bestieg 1777 Goethe den Gipfel des Berges und schrieb Folgendes nieder: „So einsam, sage ich zu mir selber, indem ich diesen Gipfel hinabsehe, wird es dem Menschen zumute, der nur den ältesten, ersten, tiefsten Gefühlen der Wahrheit seine Seele öffnen will." Mit seinem literarischen Meisterwerk „Faust" trug er maßgeblich an der Verbreitung des Kultstatus des Blocksberges als Versammlungsort für alle Hexen Deutschlands bei. Aufzeichnungen zufolge sprach man aber bereits im Mittelalter von einem Ort, an dem sich die Geisterwesen und Zauberweiber trafen. Behauptungen, dass es sich um eine heidnische Kultstätte handelt, konnten Archäologen widerlegen, weil schlichtweg die Zeugnisse dafür fehlen. Allerdings hat der Harz jede Menge andere Kultstätten, die sogenannten Klusfelsen, zu bieten. Auch die Hexenverfolgung spielte in der frühen Zeit eine große Rolle im Harzgebiet. Seit der Erschließung des Blocksberges finden hier und am Hexentanzplatz in Thale die größten Walpurgisfeiern mit geschätzten 150.000 Besuchern statt. Die Namen der bekannten Felsformationen wie der „Hexenaltar" und die „Teufelskanzel" wurden von Bergführern im 18. Jahrhundert frei erfunden, um den Aufstieg zum Gipfel attraktiver zu gestalten. Wen wundert es, dass das meist verkaufte Souvenir im Harz die Brockenhexe ist. Der düstere Ruf des Brockens wurde durch neuere Geschichten wie beispielsweise „Die kleine Hexe" von Ottfried Preußler etwas aufgehellt.

Mystisches Highlight Teufelsmauer: Es gibt verschiedene Sagen und Geschichten, die die Entstehung der Felserhebung zu erklären versuchen. Eine von ihnen besagt, dass Gott und Teufel sich um die Welt stritten. Sie schlossen folgenden Pakt: Gott sollte das fruchtbare Flachland besitzen, aber über den rauen Harz wollte der Teufel herrschen. Der Herr stimmte zu, falls es dem Teufel gelingen sollte, in nur einer Nacht eine

massive Mauer um den Harz zu bauen. Als der Teufel den letzten Stein setzen wollte, sandte Gott eine Marktfrau mit einem Hahn im Korb vorbei. Sie stolperte und der Hahn fing vor Schreck an zu krähen. Da der Teufel dachte, die Nacht sei vorbei und er habe sein Werk nicht vollenden können, schleuderte er aus Wut den letzten Stein auf die Mauer, wobei diese zersprang. So entstanden die markanten Einzelfelsen wie „Hamburger Wappen", „Teufelsloch", „Kuhställe" oder „Gewittergrotte" tragen, um nur einige von ihnen zu nennen.

Erster länderübergreifender Nationalpark Deutschlands: Rund zehn Prozent der Gesamtfläche des Harzes wurden zum Nationalpark (mit einer Größe von 25.000 Hektar) erklärt. In insgesamt sechs verschiedenen Vegetationszonen, bis hin zur subalpinen Stufe mit über 1100 Metern, finden sich verschiedene Landschaftsformen und somit Lebensräume für über

7000 Pflanzen- und Tierarten. Die wohl bekanntesten Bewohner des Harzes sind Luchs und Wildkatze. Leider trifft man die scheuen Samtpfoten nur selten in freier Wildbahn an, aber das Luchsgehege in Bad Harzburg sowie das Wildkatzengehege an der Marienteichbaude garantieren gute Einblicke in das Leben der Raubkatzen. Einzigartig in Deutschland ist die natürlich klimatisch bedingte Waldgrenze bei 1100 Metern über dem Meeresspiegel. Das typische Harzer Klima ist auch für die unterschiedlichen Vegetationszeiten verantwortlich. Vom Harzrand bis zur Brockenkuppe liegt der Vegetationsunterschied bei 90 Tagen! *nationalpark-harz.de*

Wald im Wandel: Leider gibt es auch Schattenseiten. Das große Waldsterben aufgrund des Klimas gepaart mit der extremen Borkenkäferplage führt dazu, dass in den letzten Jahren bereits mehr als 15 Prozent der alten Fichtenbestände verschwunden sind, und ein Ende ist leider nicht in Sicht. Viele Besucher sind bei dem Anblick des vielen Totholzes irritiert, denn schön anzuschauen ist das wahrlich nicht, und wer den Harz von früher kennt, ist meist schockiert. Dichte Wälder und sattes Grün sind an vielen Orten leider verschwunden. Das Motto des Nationalparks heißt: „Natur Natur sein lassen" was bedeutet, dass der Mensch so wenig wie möglich eingreift und auf die Kraft der Natur vertraut. Rund 40 Prozent aber sind als Naturentwicklungszonen ausgewiesen, in

denen einige Maßnahmen notwendig sind, um der Natur noch etwas auf die Sprünge zu helfen, da der massive Bergbau und die dadurch verbundene Plünderung der Wälder ihre Spuren hinterlassen hat. Dennoch gibt es immer noch viele Orte, um die wunderbare Natur zu genießen. Bedenken muss man hierbei auch, dass Fichten nicht der ursprüngliche Baumbestand des Harzes sind. Sie wurden angepflanzt, um die Holzreserven für den Bergbau sicherzustellen. Die Harzer Wälder waren früher durch Mischwälder geprägt.

Die Harzer legen besonders großen Wert auf ihre Traditionen. Unzählige Feste, oft in den kleinsten Bergdörfern, werden regelmäßig veranstaltet, damit das Brauchtum nicht in Vergessenheit gerät. Es ist ein schützenswertes Kulturgut, und viele Besucher sind meist sehr beeindruckt, wie viel Kraft und Liebe in den Erhalt der Traditionen investiert wird. Schon die Kleinsten zeigen sich stolz in ihren Trachten und wirken bei den Vorführungen mit.

Harzfest: Als größtes Fest seit 1993 findet jährlich das Harzfest statt. Hierbei werden alle drei Harzer Bundesländer Niedersachsen, Sachsen-Anhalt und Thüringen miteinander verbunden. Jedes Jahr wird eine andere Stadt oder Gemeinde für die Ausrichtung auserwählt. Es ist eine große Ehre für die Ortschaften das dreitägige Fest, das jährlich um die 20.000 Besucher anzieht, zu organisieren. Folkloregruppen aus der ganzen Harzregion reisen an, um ihre traditionellen Tänze und Musik zu präsentieren; *info-harz.de*

Walpurgisnacht (Hexenbrennen): In der Walpurgisnacht ist im Harz der Teufel los. Die Hexen und Teufel tanzen um riesige „Hexenfeuer", die entzündet werden, um böse Geister zu vertreiben. Sind diese Feuer heruntergebrannt, wagen mancherorts verliebte Paare den „Maisprung" über die heiße Glut, was ihnen Glück bringen soll.

Es heißt, früher kamen alle Hexen auf dem Blocksberg, dem Brocken und den höher gelegenen Ort zusammen, um zu Ehren der heiligen Walburga, einer Äbtissin aus England (710 bis 779) große Feste zu feiern und ihr zu gedenken. Goethe trug mit seinem Werk Faust maßgeblich dazu bei, dass die Walpurgisnacht heute so berühmt ist. Das europäische Fest wurde schon vor über 1000 Jahren von den Harzer Ureinwohnern gefeiert, die dem Germanengott Wodan ihre Opfergaben darbrachten.

Die heutige Walpurgisfeier gleicht eher einem Volksfest und hat weder mit dunklen Mächten noch mit der ursprünglichen, bäuerlichen Tradition etwas zu tun. In vorchristlicher Zeit wurden rituelle Liebesakte auf der Feldflur vollzogen, um die Fruchtbarkeit in den Ackerboden zu übertragen. Junge Mädchen rutschen entblößt über Steine und wünschten sich einen Liebhaber. Die heilige Walburga galt als Schutzheilige gegen Seuchen, Tollwut und Husten. Der Gang durch zwei Feuer sollte Geist und Körper reinigen und so Krankheiten fernhalten. Mit Ausbreitung des Christentums wurden diese Rituale als heidnische und böse Rituale benannt und wurden, wenn überhaupt, nur noch heimlich ausgeführt, was es noch geheimnisvoller machte. Die größten Feiern finden heute in Bad Grund, Braunlage, Hahnenklee, Sankt Andreasberg, Schierke und Thale statt.

„Die Hexen zu dem Brocken ziehn, Die Stoppel ist gelb, die Saat ist grün. Dort sammelt sich der große Hauf, Herr Urian sitzt oben auf. So geht es über Stein und Stock, Es farzt die Hexe, es stinkt der Bock."

(Johann Wolfgang von Goethe, Faust)

Harzer Finkenmanöver: Wer hier schwere Geschütze erwartet, wird enttäuscht – es geht um Vogelgesang. Überlieferungen aus dem 15. Jahrhundert geben Rückschlüsse auf diese Tradition, die 2014 von der deutschen UNESCO-Kommission als Immaterielles Kulturerbe aufgenommen wurde. In den alten Aufzeichnungen findet man Hinweise zur Haltung, Pflege sowie zum Gesangstraining der Buchfinken. Ein gut ausgebildeter Vogel war damals so wertvoll wie eine gute Milchkuh. Heute werden die Wettkämpfe nur noch von wenigen Vereinen und Zusammenschlüssen ausgeübt. Aufgrund der Tierschutzregelungen sind die Haltungsanforderung streng geregelt. Wenn man davon absieht, dass es sich um Wildvögel handelt, die in Käfigen gehalten werden, ist es eine wirklich nennenswerte Tradition.

Das Harzer Finkenmanöver ist eines der ältesten Kulturfeste im Harz und findet traditionell am Pfingstmontag, kurz nach Sonnenaufgang statt. Während der Paarungszeit versuchen die Finkenhähne, sich die Gunst der Auserwählten zu erkämpfen, indem sie mit besonders lautem und vielfältigem Gesang die Konkurrenten aus dem Gebiet vertreiben. Dieser Instinkt wird sich hier zunutze gemacht. Die Männchen trällern und die Jury bewertet Gefieder und Gesang und verleiht dem Sieger anschließend den Titel „Finkenkönig". Im Anschluss feiern die Finkenzüchter und Besucher ein großes Volksfest. Hierbei werden die traditionellen Pfingstfeuer entzündet, in deren Glut später die Pfingstwürste nach speziellem Rezept zubereitet werden.

Hüttenröder Grasedanz: Jedes Jahr am ersten Wochenende im August findet von Samstag bis Montag das Brauchtumsfest statt. Seit 1885 wird dieses Familien-Volksfest zum Abschluss der Heuernte gefeiert. Höhepunkt ist die Wahl der Heuprinzessin und der Grasekönigin. Am Samstagmorgen machen sich die Burschen aus dem Ort auf in den Wald, um Birken zu schlagen, die sie nachmittags mit Blasmusik und Pferdefuhrwerk ausbringen und die Häuser im Ort schmücken. Auch die Damen des Ortes sind mit traditionellen Aufgaben betraut. Aus dem Bodetal werden Gräser, Schilf und Blumen zu Schmuckzwecken geholt. Am Sonntag findet die Auslosung der Grasekönigin und Heuprinzessin mit anschließender Krönung statt. Die Aufgaben der beiden Damen ist fortan die Repräsentation des Ortes und des Brauchtums Grasedanz. Später startet der Festumzug durch den Ort, bis zum Festplatz, wo anschließend die traditionelle Heuversteigerung stattfindet. Am letzten Tag, dem Montag, gibt es das sogenannte „Hackelsfrühstück" im Festzelt. Serviert wird frisches Brot und Gehacktes (Mett) und dazu fließt reichlich

Bier. Wenn sich das Frühstück in den Nachmittagsstunden zum Ende neigt, laden die Damen zur großen Kaffeetafel. Später werden Königin und Prinzessin von einem Umzug und unter großen Gejohle nach Hause geleitet. Zum Abschluss des Festes lädt der Ort am Sonntagabend – wie jeden Abend– zum Tanz.

Birkenblattblasen: Die musikalische Tradition des Birkenblattblasens wird noch heute im Harz praktiziert. Früher diente das Musizieren den Schäfern zum Zeitvertreib. Heute wird diese musikalische Fertigkeit, die erstmals 1799 erwähnt wurde, bei allerlei Festen im Harz präsentiert. Das Zentrum HarzKultur Wernigerode bietet in seiner Folklorewerkstatt Kurse für Kinder und Erwachsene an. Das Birkenblatt wird hier eigenhändig in Handarbeit angefertigt und später lernt man darauf zu spielen. Der Harzklub e. V. bezieht das Birkenblattblasen ebenfalls in die Kinder- und Jugendarbeit ein. Hier kann man auch noch das Peitschenknallen und Jodeln erlernen.

Im Harz finden viele weiter Feste und Feierlichkeiten statt. Auch Osterfeuer sind eine beliebte Tradition. In den Orten der Region und es gibt kaum ein Dorf, egal wie klein es auch sein mag, wo nicht ein riesiges Feuer entzündet wird. Ein Besuch auf dem traditionellen Wernigeröder Rathausfest ist empfehlenswert. Es findet meist am dritten Wochenende im Juni statt. Zahlreiche Bühnen in der ganzen Stadt garantieren ein buntes Unterhaltungsprogramm für Jung und Alt.

Gut zu Wissen

Freie Fahrt durch den Harz – das HATIX macht es möglich:
Ausgewählte Bus- und Straßenbahnlinien können mit dem HATIX kostenfrei genutzt werden. Bei Übernachtung in einem der teilnehmenden Orte erhält man bei Anreise ein Ticketheft mit integrierter Melde-/Gästekarte. Ab der Anmeldung bis zum Abreisetag kann das Harzer Urlaubs-Ticket genutzt werden. Halten Sie bei jedem Fahrtantritt Ihr Ticket-Heft bereit und zeigen Sie es mit dem Meldeschein/der Gästekarte beim Busfahrer vor. Sie erhalten nun kostenfreie Fahrt auf allen öffentlichen Bus- und Straßenbahnlinien im Landkreis Harz sowie auf ausgewählten Linien im Landkreis Mansfeld-Südharz und in den Landkreisen Goslar und Göttingen (Altkreis Osterode); *hatix.info*

Freier Eintritt im Harz – HarzCard: Mit Erwerb der HarzCard kann man während der Harzreise richtig sparen und entdeckt vielleicht sogar noch einige Attraktionen, die ursprünglich nicht auf dem Plan standen. Da bei den einzelnen Partnern kein Eintritt mehr bezahlt werden muss, lohnt sich diese Karte in jedem Fall. Die verschiedenen Zeit-Modelle von 48 Stunden bis zu vier Tage versprechen eine Ersparnis von bis zu 40 Prozent. Freier Eintritt in über 100 Höhlen, Schlösser, Parks, Thermen u. v. m. versprechen ein Action-geladenes Harzabenteuer. Kinder bis vier Jahre sind kostenfrei dabei; *harzcard.info*

Harzer Wandernadel: Auf verschiedenen Wandertouren wurden Stempelstellen errichtet. Insgesamt gibt es 222 Stempelstellen an besonderen Plätzen im Harz. Die Touren dorthin unterscheiden sich in Länge und Schwierigkeitsgrad und jeder findet die passende Route für sich. Gesammelte Stempel werden mit Auszeichnungen belohnt. Eine besonders beliebte Auszeichnung für Kinder bis elf Jahre ist die Wanderprinzessin und der Wanderprinz; *harzer-wandernadel.de*

SCHWEDEN

Ostsee

Nordsee

Kiel

SCHLESWIG-
HOLSTEIN

DÄNEMARK

MECKLENBURG-
VORPOMMERN

HAMBURG

Schwerin

BREMEN

BRANDENBURG

POLEN

NIEDERSACHSEN

Hannover

Berlin

Potsdam

Magdeburg

NORDRHEIN-
WESTFALEN

SACHSEN-
ANHALT

Düsseldorf

SACHSEN

Dresden

Erfurt

THÜRINGEN

HESSEN

Wiesbaden

Mainz

RHEINLAND-
PFALZ

TSCHECHIEN

FRANKREICH

BAYERN

Stuttgart

BADEN-
WÜRTTEMBERG

München

ÖSTERREICH

SCHWEIZ

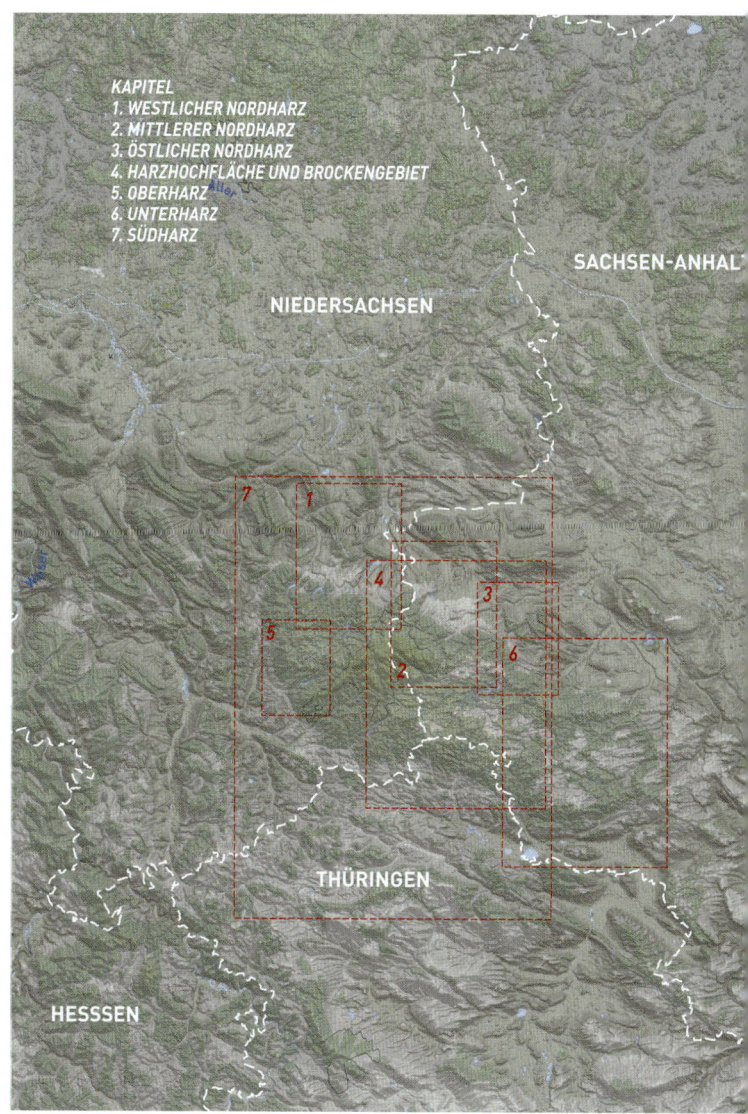

KAPITEL
1. WESTLICHER NORDHARZ
2. MITTLERER NORDHARZ
3. ÖSTLICHER NORDHARZ
4. HARZHOCHFLÄCHE UND BROCKENGEBIET
5. OBERHARZ
6. UNTERHARZ
7. SÜDHARZ

SACHSEN-ANHALT

NIEDERSACHSEN

7   1

4

3

5

2   6

THÜRINGEN

HESSSEN

Westlicher Nordharz

In der Nähe des Waldgasthofs Hasenspring

Westlicher Nordharz

1. Wanderung zum Waldgasthof Hasenspring
2. Kaiserpfalz Werla: Archäologie- und Landschaftspark
3. Am grünen Band: Hotspot für Vogelbeobachtungen
4. Auf Entdeckungsreise im Harly-Wald
5. Klostergut Wöltingerode: die Seele baumeln lassen
6. Aloha ike: hawaiianische Wellnessmassagen
7. Auf dem Themenweg Spur der Steine
8. Herzberger Teich und Kinderbrunnen
9. Maltermeisterturm Goslar: Speisen in historischem Ambiente
10. Wanderung zur Verlobungsinsel und Besuch im kleinsten Königreich der Welt
11. Wildgehege Bad Harzburg: zu Besuch bei Hirsch und Reh
12. Plumbohms Aussichtsreich auf dem historischen Burgberg

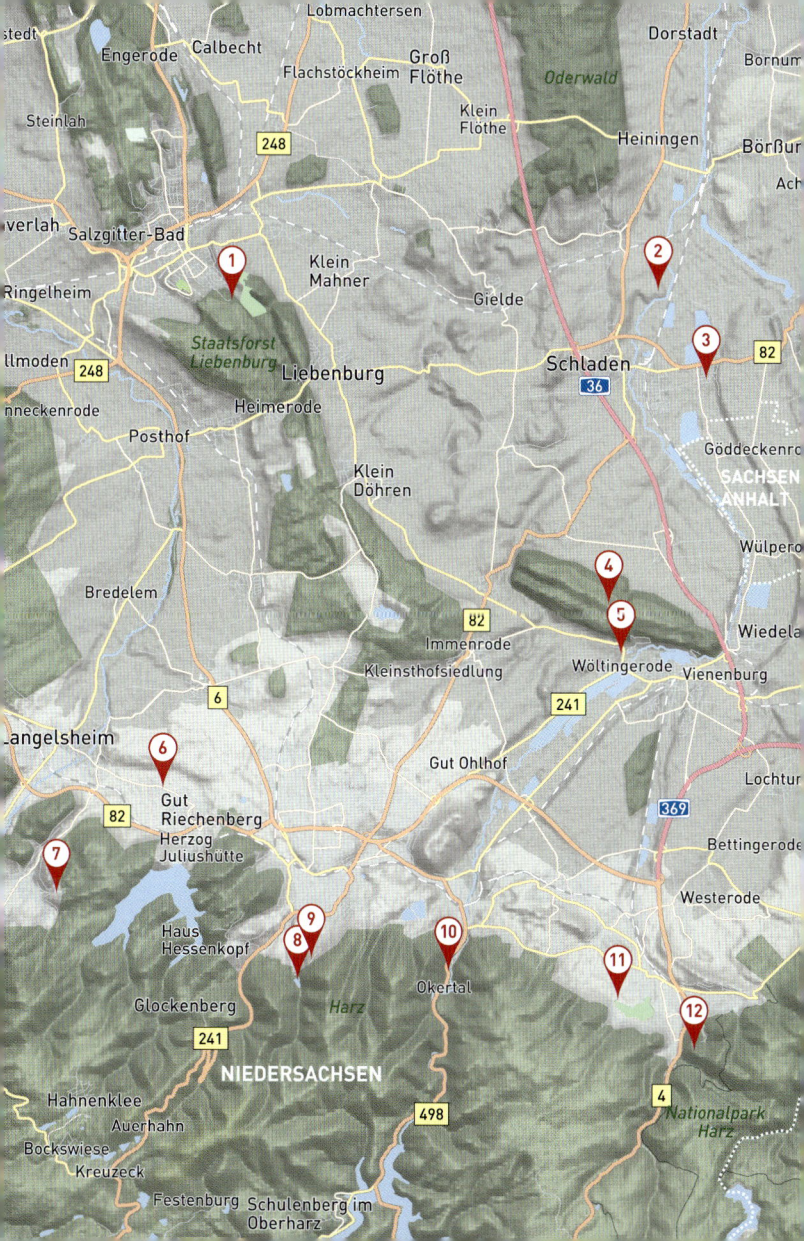

1 Wanderung

ZUM WALDGASTHOF HASENSPRING

Die kleine Ortschaft Liebenburg im Landkreis Goslar liegt eingebettet in eine reizvolle Hügellandschaft am nördlichen Harzrand, umgeben vom Salzgitterschen Höhenzug. Neben dem sich heute in Privatbesitz befindlichen Barockschloss mit der dazugehörigen Barockkirche hat das Dorf viel zu bieten: Geschichte, Kultur und Natur. Erwähnenswert ist die botanische Besonderheit der Gemeinde. Im Salzgitterschen Höhenzug in den zugehörigen Ortschaften Othfresen und Heißum entdeckte man ein riesiges Vorkommen an Kalkhalbtrockenrasen-Vegetation. Die Natur- und Umwelthilfe Goslar legte hier eine botanisch überregionale Fläche von großer Bedeutung an.

Die rustikale Ausflugsgaststätte inmitten idyllischer Natur lässt sich am besten auf einer der verschiedenen Wanderungen erkunden. Eine Anreise mit dem Fahrzeug ist aber auch möglich.

Zahlreiche stark gefährdete Pflanzen und Tiere, die auf der roten Liste stehen, finden hier die optimalen Lebensbedingungen, und so konnte ihr Fortbestehen gesichert werden. Kurzfristig ist ein Naturlehrpfad durch das Gelände geplant, der die Dringlichkeit zur Erhaltung solcher Flächen verdeutlicht. Ein Wander- und kulinarisches Highlight ist die Waldgaststätte Hasenspring.

Waldgasthof Hasenspring

Verschiedene Wanderwege zu dem mitten im Wald gelegenen Ausflugsziel starten am Parkplatz „Schule am Schloss" in
Liebenburg. Der direkte Weg ist rund 2,8 Kilometer lang und
leicht zu begehen. Es gibt keine
großen Steigungen oder andere
Hindernisse, die überwunden
werden müssen. Die Wanderung
führt stetig durch sattes Grün
des gut intakten Mischwaldes.
Besonders Farne wuchern hier
umfangreich. Den Wegesrand
zieren viele harztypische Kräuter
und blühende Pflanzen, auf denen
sich Insekten tummeln. Die große

Hier gibt es viele Schmetterlinge

Gut versteckt und doch entdeckt

Anzahl an Schmetterlingen ist hier besonders auffallend. In kleinen Teichen und im Bachlauf lassen sich Frösche und Libellen beobachten. Sogar die seltene Wasseramsel kommt zum Trinken vorbei. Der gesunde Wald ist Lebensraum für viele Tiere. Rehe kreuzen den Weg des Öfteren. Auch Luchse sind hier heimisch. Daran erinnern die vom Nationalpark Harz aufgestellten Hinweisschilder zu den Fotofallen. Achtung, gelegentliches Blitzlicht!

Hasenspring liegt auf einer Lichtung inmitten der hohen Bäume. Hier kann man wunderbar die Sonne genießen und den Wald beobachten. Die gut bürgerliche Küche schmeckt besonders lecker in dieser naturnahen Atmosphäre. Verschiedene Veranstaltungen wie Räubermahl, Livemusik oder Märchenbühne machen den Besuch besonders reizvoll.

Öffnungszeiten:
- Wanderwege jederzeit zugänglich
- Waldgaststätte Hasenspring: Dienstag bis Freitag 14 bis 0 Uhr, Samstag, Sonntag, Feiertage 11 bis 0 Uhr

Eintritt: Wanderwege und Parkplatz kostenfrei

Wer noch nicht genug Waldluft geschnuppert hat, der kann ab hier die Tour über einen der ausgeschilderten Rundwanderwege verlängern und tolle Ausblicke auf den Harz und den Brocken sowie Salzgitter und das Innerstetal genießen. Außerdem führen sie an weiteren Highlights wie den Überbleibseln der Grenzlerburg, dem Skulpturenweg, dem Schäferstuhl Salzgitter, dem Flankierungsturm der Liebenburg und einer KZ-Gedenkstätte vorbei. Die Wanderungen können individuell angepasst werden. Die Beschilderung ist gut und man hat auch ständig Handy-Empfang, um gut navigieren zu können. Im Fall eines

Wetterumschwungs findet man einige Schutzhütten an den Wegen. Nach einer Wanderung sorgt der Besuch im Mineralwasser-Freibad in der Nähe des Parkplatzes für Abkühlung.

Schutzhütte

Lage: Liebenburg liegt zwischen Salzgitter-Bad und Schladen; Gaststätte: Hasenspringweg 136, 38259 Salzgitter

Anfahrt: Aus Othfresen oder Schladen gelangt man über die Zufahrtsstraße L500/Poststraße zum Parkplatz „Schule am Schoss"/ Thermalbad. Von hier aus der Beschilderung Richtung Hasenspring bzw. einem der Rundwanderwege folgen.

Weitere Aktivitäten:
- Schloss Liebenburg: *liebenburg.eu*
- Hausmannsturm und Flankierungsturm: *liebenburg.eu*
- Naturschutzgebiet Mittleres Innerstetal mit Kantstein: *nlwkn.niedersachsen.de*

Website: *liebenburg.eu*

HINWEISE:
- Wer sich für einen der Rundwanderwege entscheidet, sollte mindestens sechs Stunden dafür einplanen.
- Die Wege sind größtenteils gut befestigt und leicht begehbar. Stellenweise gilt es einige Wurzeln, Steine oder nasse Stellen zu überwinden. Gutes Schuhwerk nicht vergessen.
- Für den Fall eines Wetterumschwungs stehen einige Schutzhütten bereit.

2 Kaiserpfalz Werla

ARCHÄOLOGIE- UND LANDSCHAFTSPARK

Die Pfalzanlage auf dem Kreuzberg, einem natürlichen Plateau über der Oker, versetzt die Besucher zurück ins Frühmittelalter und eröffnet wunderbare Ausblicke in das nördliche Harzvorland sowie zu den Harzbergen. Ein historisches Highlight in wunderbarer Natur.

Die etwa 20 Hektar große Parkanlage liegt im freien Gelände zwischen Schladen und Werlaburgdorf. Der größte archäologische Park in Norddeutschland besticht durch seine isolierte Lage im Landschaftsschutzgebiet und bietet eine tolle Fernsicht über die Region. Vom Parkplatz aus erreicht man den Park nach einem kurzen Fußmarsch. Am Wegesrand geben in Felsbrocken integrierte Infotafeln in chronologischer Abfolge Aufschluss über historische Ereignisse der Region. Ausgrabungen zufolge war das Gelände schon in vorgeschichtlicher Zeit besiedelt; eine flächendeckende Besiedelung konnte aber erst ab dem 9. Jahrhundert definitiv nachgewiesen werden. Im 10. Jahrhundert wurde die Siedlung zur Burganlage umgebaut und galt fortan als wichtiger Stützpunkt der Ottonen. In der Folgezeit verlor sie, vor allem durch den Bau der Pfalzanlage in Goslar, an Bedeutung

Riesige Steine stehen hier überall

und geriet bald völlig in Vergessenheit. Erst im 20. Jahrhundert weckten zufällige Funde das Interesse der Archäologen, worauf man, nach etlichen bedeutenden Funden, im Jahr 2010 mit der Rekonstruktion der Hauptburg und ihren Vorburgen begann.

Einige der Ringmauern wurden ausgegraben und wiederaufgebaut und vermitteln so einen guten Eindruck von der Größe und der Aufteilung der Anlage. Rundherum machte man sich die steil abfallenden Flächen bis zur Oker zunutze und legte einen breiten und tiefen Graben an. Der heutige Graben und Wall wurden in sehr reduziertem Maß nachgebildet. Durch den erhöhten Standpunkt auf dem natürlichen Plateau konnten Angreifer schon sehr früh ausgemacht werden. Heute eröffnet sich von einer hölzernen Aussichtsplattform aus ein atemberaubender Panoramablick über die Werla.

Die Kaiserpfalz

Die Pfalzanlage war ein beliebter Ort und ein zentraler Knotenpunkt für die Etablierung der ottonischen Königsherrschaft im 10. Jahrhundert. Urkundliche Aufzeichnungen belegen 19 Königsbesuche. Allein Otto der Große besuchte die Pfalz fünfmal. Auch wirtschaftlich war sie als großer Produktionsplatz, vor allem für Textil- und Metallherstellung, von großer Bedeutung. Man geht davon aus, dass ein Teil der Schwerter, die im Kampf der Ottonen gegen die Sarazenen in Süditalien eingesetzt wurden, hier geschmiedet wurde.

Wanderung: Vom Heimathaus „Alte Mühle" in Schladen aus erreicht man die Pfalz nach etwa zwei Kilometern.
Öffnungszeiten: frei zugänglich
Eintritt: kostenlos; die Führungen sind kostenpflichtig; Anmeldung: Amt für Tourismus Hornburg, Tel. 05334 94910, *info@Hornburg-erleben.de*; Anmeldung zum Werla-Picknick: Werlaburgdorf-Café: Tel. 05335 6051

Nicht nur Geschichtsfans werden begeistert sein, denn die Lage inmitten wunderbarer Natur findet man so schnell nicht wieder. Der herrliche Blick über die grünen Weiden, die Teiche und Seen der Region, kombiniert mit dem geschichtlichen Hintergrund, lassen den Besuch zu einem besonderen Erlebnis werden. Auf der rund 3,5 Kilometer langen Rundwanderung entdeckt man Schafe, die auf natürliche Weise das Gras kurz halten. Dabei werden sie von jeder Menge Feldhasen unterstützt. Für Heiratswillige hat die Gemeinde Schladen ein Trauzimmer auf dem authentisch nachgebildeten Turm 4 der Kernburg, errichtet. Das Standesamt in einer ottonischen Anlage ist in Deutschland einzigartig.

Die Nachbildungen von Mauern der Gebäudeumrisse und die Zeichnungen der Infotafeln machen es leicht, Bilder im Kopf zu schaffen, die einen in der Zeit zurückversetzen. Bänke und eine Schutzhütte garantieren einen entspannten Aufenthalt. Regelmäßig finden Veranstaltungen und Führungen statt, denen man sich nach Voranmeldung gerne anschließen kann. Eine weitere Besonderheit ist das Werla-Picknick, das vom Werlaburg-Dorfcafé organisiert wird. Hier kann man, nach Anmeldung, ein leckeres Picknick vor historischer Kulisse genießen.

Info

Lage: Die Parkanlage liegt rund 15 Kilometer südlich von Wolfenbüttel und nordöstlich von Goslar; Mühlenstraße 1, 38315 Schladen

Anfahrt: Die A395 an der Anschlussstelle Schladen-Nord verlassen und auf der B82 weiter in Richtung Schladen fahren. Nach etwa 400 Metern an der Kreuzung nach links auf die L 615 Richtung Heinigen–Wolfenbüttel abbiegen. Nach 1,5 Kilometern zweigt rechts ein befestigter Feldweg ab, dort befindet sich der Parkplatz. Von hier aus dem Feldweg Richtung Burg folgen.

Weitere Aktivitäten:
- Heimathaus „Alte Mühle" Schladen: *heimathaus-schladen.de*
- Lessingstadt Wolfenbüttel: *wolfenbuettel.de*
- Geflügelparadies Werlaburgdorf: *cms.werlaburgdorfer-geflügelparadies.de*

Website: *kaiserpfalz.schladen-werla.de*

HINWEIS: Das Gelände steht unter Denkmalschutz und ist als Landschaftsschutzgebiet ausgewiesen.

3 Am grünen Band

HOTSPOT FÜR VOGELBEOBACHTUNGEN

Isingerode ist ein kleiner verschlafener Ort in wundervoller Lage. Umgeben von weitläufigen Wiesen, Feldern, Wäldern und Seen findet man hier Ruhe und jede Menge Natur. Vogelfans kommen hier voll auf ihre Kosten, denn am Kiesteich gibt es einen tollen Vogelbeobachtungsturm.

Das 400-Seelen-Nest Isingerode liegt am nördlichen Harzrand, direkt am grünen Band, das sich durch Deutschland zieht, und ist ein Ortsteil der Gemeinde Schladen-Werla. Die Geschichte des Dorfes geht bis in die Bronzezeit zurück und bis vor Kurzem war es auch Schauplatz archäologischer Ausgrabungen.

Endlich Nachwuchs

Der Kiesteich liegt gegenüber der Ortschaft an der B82. Leider ist das Baden verboten, da es sich um Trinkwasserschutzgebiet handelt. Die rund vier Kilometer lange Wanderung ist einfach und für alle Fitnesslevel geeignet, aber nicht barrierefrei. Vom Parkplatz aus überquert man eine kleine Holzbrücke und hält sich links. Der schmale Pfad rund um den See bietet immer wieder geschützte Blicke auf das Wasser, in dem sich viele Wasservögel tummeln. In den Büschen und Bäumen, die den Weg säumen, sieht man auch viele seltene Exemplare wie Nachtigall und Tannenhäher. Mit etwas Glück entdeckt man auch einen der scheuen Eisvögel, die in den Lehmwänden am See ihre

Junger Bussard

Brutplätze haben. In den angrenzenden Wiesen und Feldern kann man Reiher und Störche bei der Jagd beobachten. Sogar Rebhühner und Fasane trifft man hier recht häufig an. Große Greifvögel gleiten durch die Luft und halten Ausschau nach Beute. Milan, Habicht, Bussard und Fischadler sind hier zu Hause. Nach etwa

Eisvogel

Eidechse

zehn Minuten erreicht man einen großen Beobachtungsturm aus Holz. Informationstafeln im Innenraum klären über die Vögel der Region auf. Über 125 Arten brüten in der Umgebung des Teichs.

Hier kann man stundenlang sitzen und die Umgebung beobachten. Besonders lohnt sich auch der Besuch zum Sonnenuntergang, dann sieht man außer Vögel auch noch Rehe, Füchse, Waschbären und mit etwas Glück einen Steinmarder oder Marderhund. Man folgt dem Weg immer weiter rund um den See, bis man am Fischereiheim auf die geteerte Straße stößt. Dieser folgt man dann, bis man nach kurzer Zeit wieder den Parkplatz erreicht.

Von hier aus kann man die Wanderung leicht um zwei Kilometer verlängern. Dazu folgt man dem vom Parkplatz gegenüberliegenden Feldweg Richtung Hornburg und biegt nach etwa 150 Metern rechts auf den kleinen Hügel, Richtung Isingerode, ab. Oben angekommen hat man einen tollen Ausblick über Schladen, zum Brocken und in die Umgebung. Nach Überquerung der B82 folgt man nach ca. 400 Metern dem unbefestigten Feldweg nach rechts. Dieser führt über die Felder, mit schönen Blicken auf den Kiesteich, durch ein kleines Waldstück am Friedhof vorbei bis zur Gaststätte Itschenkrug. Hier überquert man erneut die B82 und folgt der Zufahrtsstraße zurück bis zum Ausgangspunkt (Parkplatz).

Am Rückweg lohnt sich der Abstecher in die alte Kiesgrube, die sehr erfolgreich vom NABU als Lebensraum für allerlei Tiere

Sonnenuntergang über dem Brocken

Am grünen Band entlang

gepflegt wird. Ein Schild rechter Hand der Straße weist den Weg durch eine wunderschöne kleine Allee. In den kleinen Tümpeln leben unzählige Frösche, Molche, Salamander; das Wasser lockt auch Säugetiere zum Trinken an. Waschbär und Vögel bedienen sich hier am reichlich vorhandenen Nahrungsangebot. Auf den Steinen sonnen sich manchmal Eidechsen und die ein oder andere Ringelnatter. Vom NABU, der hier sehr aktiv ist, wurde im Ortskern ein alter Turm mit Nistkästen und Bruthöhlen versehen. Schwalben, Meisen, Spatzen, Turmfalken und Eulen finden hier genug Platz, um friedlich nebeneinander zu brüten.

Die Umgebung bietet wundervolle Gelegenheiten, seltene Tiere in freier Wildbahn zu sehen. Es wird sogar von Wolfsichtungen in den Abend- und frühen Morgenstunden berichtet.

Öffnungszeiten:
Wanderwege immer zugänglich
Eintritt: kostenlos
Weitere Aktivitäten:
- Stadtführung in Hornburg: *hornburg-erleben.de*
- Innerdeutsches Grenzdenkmal Wiedelah
- Baden im Wiedelaher See
Restaurant:
- Itschenkrug: Isingeröder Straße 1, 38315 Schladen

Lage: Isingerode liegt zwischen Schladen und Hornburg an der B82.

Anreise mit Bahn und Bus: Mit dem Zug bis Bahnhof Schladen, von dort mit dem Bus bis Haltstelle Isingerode/Itschenkrug

Anfahrt:

- Von der A36 Ausfahrt Schladen-Nord; von hier aus B82 Richtung Hornburg; nach ca. drei Kilometern erreicht man Isingerode.
- Über die A2 ab Ausfahrt Helmstedt über die B244 bis nach Schöningen und dann weiter über die B82 über Schöppenstedt und Hornburg Richtung Schladen.
- Schräg gegenüber vom Itschenkrug und dem Ortsschild befindet sich in ca. 100 Metern die Zufahrtsstraße zum Parkplatz am Kiesteich, ein schmaler, befestigter Feldweg. Nach ca. einem Kilometer kann man neben dem kleinen Wäldchen an einer kleinen Holzbrücke parken. Hier befindet sich bereits die erste Infotafel zum Vogelvorkommen. Wer keine Wanderung machen, sondern nur den Beobachtungsturm besuchen möchte, kann sein Auto in einer Haltebucht zwischen Schladen und Isingerode an der B82 gegenüber der Abfahrt nach Göddeckenrode abstellen und folgt von hier dem Wanderweg nach rechts.

HINWEISE:

- Auch Fahrradfahrer nutzen den Weg um den Teich. Hier ist gegenseitige Rücksichtnahme gefragt!
- Einige Wege am Teich sind dem Fischereiverein vorbehalten, Schilder weisen darauf hin.
- Leider ist der komplette Wanderweg nicht barrierefrei. Den Weg von der Haltebucht (Abfahrt Göddeckenrode) bis zum Aussichtsturm (ca. 800 Meter) kann man mit Kinderwagen begehen.

IM HARLY-WALD

Besucher kommen meist nach Vienenburg wegen des Sees oder des Klosters. Der Harlyberg erregt nur bei wenigen Besuchern Aufmerksamkeit. Der Höhenzug mit einer Länge von 6,5 Kilometern und einer Höhe von 256 Metern hat jedoch so einiges zu bieten. Durch die direkte Lage am grünen Band ist er aus Naturschutzsicht genauso wichtig wie aus geologischer Betrachtung. Es handelt sich um einen sogenannten Schmalsattel, der parallel zum Harz verläuft. Im westlichen Teil lässt sich, durch Aufstieg des Salzes und die damit verbundene Heraushebung und deren Abfolgen, bis heute der Muschelkalk am Kamm finden. Im Süden befinden sich die Überreste des Kalibergwerks, das im Salzstock angelegt war.

In Vienenburg, unweit des Klosters Wöltingerode, befindet sich der Harlyberg. Das dicht bewaldete Gebiet hat Geheimnisvolles sowie Exotisches zu bieten. Es gilt als Naherholungsgebiet und lässt, zusammen mit dem Vienenburger See, keine Wünsche offen.

Das gesamte Gebiet ist Landschaftsschutzgebiet und Teile davon gehören zum FFH-Gebiet des europäischen Biotopverbundsystem Natura 2000 (Infos zu den verschiedenen Schutzgebietsformen unter waldhilfe.de). Aufgrund der geografischen Lage, der klimatischen Verhältnisse und der unterschiedlichen geologischen Formationen des Bodens gedeihen hier rund 130 verschiedene Pflanzenarten, von submediterran über nordisch-

subalpin und sub-
kontinental. Das ist
wirklich eine Einzig-
artigkeit im Harz und
Harzvorland.

Im Wald lassen sich
auch die üblichen Ver-
treter der heimischen
Tierwelt beobachten.
Auch die Wildkatze
streift durch das
Gelände. Besonder-
heiten der Vogelwelt

Blick aus der Kräuter-August-Höhle

sind der Pirol, der Neuntöter, die Wasseramsel, Schwarzspecht
und Nachtigall, deren Gesang man öfter hört, als man sie sieht.

Die Wanderwege im Gebiet sind gut ausgebaut, die Beschilderung ist stellenweise leider nicht so gut.

Für diese Wanderung sollte man drei bis vier Stunden einplanen: Vom kostenlosen Parkplatz am Forsthaus folgt man der
Beschilderung Erlebnispfad 1/Mittle-
rer Harly in Richtung Kräuter-August-
Höhle. Am Fritz-Laube-Platz und
am Gedenkstein vorbei, befindet sich
die Höhle nach etwa 1,2 Kilometern
Wegstrecke links vom Weg. Hier kann
man die ersten geologischen Beson-
derheiten entdecken. Viele geheimnisvolle Sagen ranken sich um diese
kleine Höhle. Der Kräuter-August
war ein alter zotteliger Mann, der im
18. oder 19. Jahrhundert hier gehaust
haben soll. Er war ein Heiler, der sich
der Kraft der Natur bediente und mit

Abstieg zur Höhle

Riesige Bäume am Wegesrand

den hier wachsenden Kräutern vielen Einheimischen Linderung verschaffte. Als Gegenleistung verlangte er nichts, freute sich aber über Essen und Kleidung.

Weiter geht es bergauf über den Mittelweg durch das Bärental. Nach einer großen Kurve folgt man dem Schild zum Mammutbaum, dem nächsten Highlight auf dieser Tour. Etwa 50 Meter neben dem Weg steht der letzte Mammutbaum, der aus einer früheren Pflanzung einzelner Bäume übriggeblieben ist. Natürlich sticht der imposante Baum deutlich aus dem Harly-typischen Buchenwald hervor – übersehen kann man ihn nicht. Nun folgt man dem Weg Richtung Westen, bis man nach etwa zwei Kilometern eine Schutzhütte erreicht. An der Abzweigung hält man sich links und folgt vom Waldrand aus dem Weg in östlicher Richtung, um nach etwa sieben Kilometern zurück nach Wöltingerode zu gelangen.

Geologisch lohnt es sich, am Waldrand rechts weiter Richtung Westen zu gehen, statt gleich wieder zum Ausgangspunkt zurückzukehren. Hier findet man verschiedene Gesteinsformen vor.

Öffnungszeiten:
Wanderwege jederzeit zugänglich
Eintritt: kostenlos
Weitere Aktivitäten:
- Besichtigung Kloster und Klosterbrennerei mit Hofladen: *woeltingerode.de/das-klostergut.html*
- Vienenburger See, Tretboot fahren, Biergarten mit Rosarium
Restaurant:
- Klosterkrug: regionaltypische Wild- und Fleischgerichte, gemütlicher Biergarten; täglich 11 bis 22 Uhr; Wöltingerode 30, 38690 Goslar, Tel. 05324 2046, *klosterkrug-woeltingerode.de*

Die Entdeckungstour im Harly kann wunderbar durch Erlebnis-pfad 2 und 3 ergänzt werden. Auch ein Abstecher zum Harlyturm ist lohnenswert. Dieser ist jedoch nur im Frühjahr und Sommer am Sonntag von 10 bis 17 Uhr geöffnet.

Lage: Im Nordwesten von Vienenburg, im Landkreis Goslar findet man das Klostergut Wöltingerode und gleich gegenüber den Harly; Wöltingerode 3, 38690 Goslar OT Vienenburg

Anfahrt:
- Von Goslar aus über die B6 und B241 Richtung Vienen-burg; Beschilderung Richtung Wöltingerode folgen.
- Aus Richtung Wernigerode, Braunschweig über die A36 Ausfahrt 12 Richtung Vienenburg nehmen. Auf der B241 durch Vienenburg fahren. Nach der großen Brü-cke über die Oker am Ortsende rechts nach Wöltinge-rode abbiegen.
- Der Parkplatz am alten Forsthaus befindet sich in nordwestlicher Richtung hinter dem Kloster. Alternativ kann der Parkplatz am Klosterkrug genutzt werden.

Anreise mit Bahn und Bus: Ab Station Bahnhof Vienen-burg zu Fuß ca. 2,6 Kilometer oder per Bus, Linie 822 Richtung Goslar, Haltstelle Wöltingerode

Website: *goslar.de/tourismus/natur-erleben/harly*

HINWEISE:
- Detaillierte Informationen und Erklärungen zu den geologischen Highlights gibt es als PDF Download unter *bund-westharz.de/fileadmin/westharz/BUND_Westharz_Harly_3_Auflage_2020.pdf*
- Da die Beschilderung im Harly ausbaufähig ist, hier die GPS-Koordinaten der wichtigsten Highlights: Kräu-ter-August-Höhle: 51.96641, 10.53617; Mammutbaum: 51.96688, 10.53206; Harlyturm: 51.96734, 10.54291

5 Klostergut Wöttingerode

DIE SEELE BAUMELN LASSEN

In Vienenburg befindet sich eine gewaltige Klosteranlage. Die fast ein Kilometer lange Klostermauer umgibt die Gebäude, die größtenteils aus dem Jahr 1676 stammen. Auf Führungen und dem Klostererlebnisweg bekommt man interessante Einblicke in das frühere Klosterleben. In der Klosterbrennerei werden regionale Produkte zu Edel-Likören nach alten Rezepten verarbeitet.

Bis zum 12. Jahrhundert stand an dieser Stelle die Burg der Grafen von Wöltingerode. Als diese ihren Standort verlagerten, gründete man 1174 ein Benediktinerkloster. Bereits im Jahr 1188 besetzten Nonnen aus dem Zisterzienserorden das Kloster, wie eine Urkunde des Kaisers Friedrich Bar-

Klostergut Wöltingerode

barossa bestätigt. Die Geschichte des Klosters war lebhaft. Zahlreiche Übernahmen folgten, bis am 25. Mai 1676 eine große Feuersbrunst das Kloster heimsuchte und fast gänzlich zerstörte. In den darauffolgenden 100 Jahren wurden die Gebäude neu aufgebaut. Dafür verwendete man den besonders harten Buntsandstein (Rogensandstein) aus dem nahegelegenen Harly-Wald. Bis dato finden sich kaum Spuren von Zerfall an den Gebäuden.

Heute bietet das Kloster, neben den geschichtlichen Aspekten, noch viel mehr Gründe für einen Besuch. Das Klosterhotel, das Teil des historischen Kreuzgangs ist, wurde mit komfortablen Zimmern ausgestattet. Im angeschlossenen Restaurant sowie im Klosterkrug, der sich vor den Mauern befindet, kann man exzellent, aber auch deftig essen. Der Hofladen bietet ein breites Sortiment an regionalen Produkten wie frisches Brot aus der Klosterbäckerei, Honig und Liköre aus eigener Herstellung. Seit 1682 wird hier Korn aus eigenem Anbau zu Edelkorn und Edellikören gebrannt, was noch heute den größten Wirtschaftszweig des Guts darstellt. Auch Bier wurde im Kloster gebraut. Dies wurde allerdings 1803 eingestellt. Die Altenauer Brauerei braut seit 2004 nun erfolgreich das traditionelle Wölti-Bräu.

Die ehemalige Klosterkirche wurde mehrfach um- und angebaut und erlangte so ihr heutiges Aussehen. Sie besteht aus zwei

Kupferkessel

Teilen: die romanische kreuzförmige Basilika stammt aus dem 12. Jahrhundert, ein weiterer Teil wurde im 18. Jahrhundert angebaut. In der sich über der Krypta befindenden Nonnenempore fanden einst 150 Nonnen Platz, um dem Gottesdienst beizuwohnen. Heute ist dieser Teil von der Krypta abgetrennt und dient als Konzertraum.

Der jährliche Weihnachtsmarkt und das traditionelle Hoffest im September bieten neben vielen Ständen mit Kunsthandwerk und Leckereien auch Unterhaltungsprogramm für Groß und Klein. Im ehemaligen Mühlengebäude des Klosters befindet sich heute ein Lachs-Infocenter. Seit 1994 versucht man die Fische wieder in der Oker anzusiedeln. Frischen, geräucherten Fisch gibt es in der Räucherei.

Öffnungszeiten:
- wechselnde Öffnungszeiten der verschiedenen Wirtschaftsbetriebe, siehe Website
- öffentliche Schnupperführungen (ohne Anmeldung, 5 EUR) Dienstag, Donnerstag, Samstag, Sonntag; Feiertag 14 Uhr; individuelle Führungen für angemeldete Gruppen nach Absprache, Tel. 05324 7744626, *fuehrung@klosterhotel-woeltingerode.de*

Das Klostergut ist umgeben von 360 Hektar landwirtschaftlicher Nutzfläche. Das hier angebaute Getreide, vor allem Weizen, dient zur Versorgung des Klosterguts bzw. der Brennerei. Auf dem Klostererlebnisweg kann man das Gelände erkunden, auf neun Stationen erfährt man Wissenswertes über Geschichte, Entstehung und Bewohner. Der alte Baumbestand, das Wildgehege und die liebevoll gepflegten Blumenbeete inmitten der alten Mauern vermitteln klösterliche Idylle. Bei einer Schnupperführung wird die Geschichte der Gebäude und die heutige Bewirtschaftungssituation genau erklärt. Höhepunkt ist die Besichtigung der Kupfergefäße in der Brennerei und die anschließende Verkostung der Spirituosen im Hofladen. Es ist ein wunderbarer, ruhiger Ort, perfekt zum Entschleunigen und die Seele baumeln zu lassen. Wer hier nächtigt, trifft vielleicht sogar auf den Klostergeist. Davon wird vor allem nach übermäßigem Genuss der Liköre berichtet ...

Bei der Verkostung

*I*nfo

Lage: Das Klostergut gehört zum Ort Vienenburg im Landkreis Goslar; Wöltingerode 1, 38690 Goslar

Anfahrt:

- Von Goslar aus über die B241 Richtung Vienenburg, kurz vor Ortseingang vor der eisernen Brücke auf die L510, Beschilderung Kloster Wöltingerode; nach 500 Meter links kostenfreier Parkplatz am Klosterkrug.
- Anfahrt über A36, Abfahrt 12 Vienenburg auf die B241 Richtung Goslar. Der Straße komplett durch Vienenburg folgen und hinter der eisernen Brücke rechts abbiegen zum Kloster Wöltingerode.

Anreise mit Bahn und Bus: Bahn RB43; Buslinie 822

Zu Fuß: Das Kloster Wöltingerode ist Etappe des Harzer Klosterwanderwegs und sehr gut zu Fuß erreichbar.

Website: *woeltingerode.de/startseite.html*

6 Aloha ike

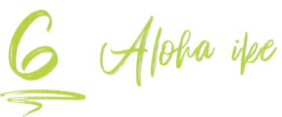

HAWAIIANISCHE WELLNESSMASSAGEN

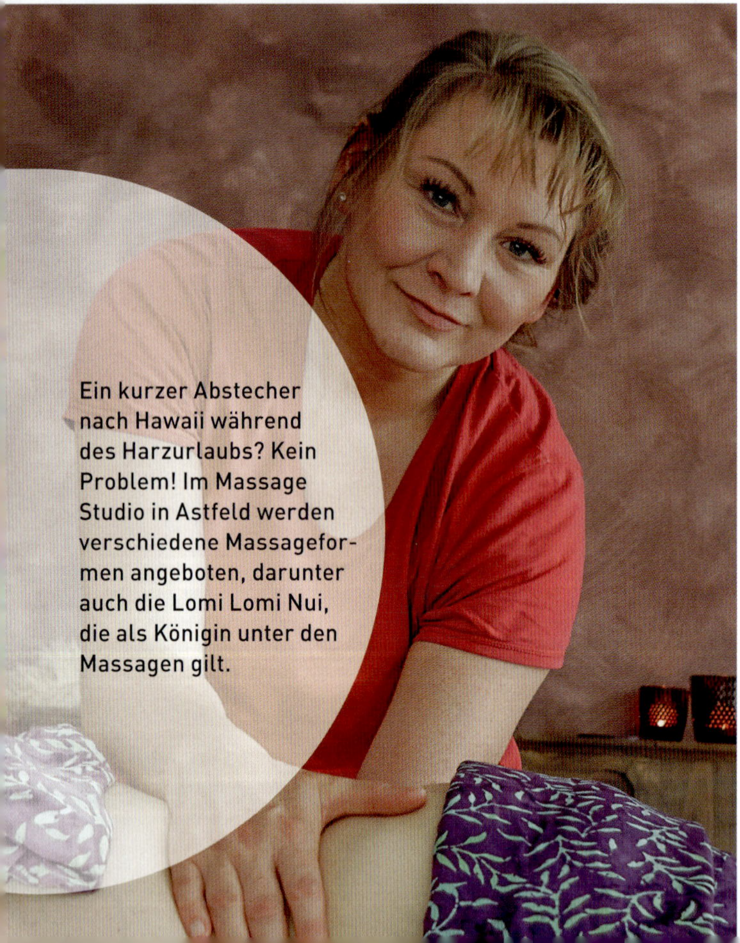

Ein kurzer Abstecher nach Hawaii während des Harzurlaubs? Kein Problem! Im Massage Studio in Astfeld werden verschiedene Massageformen angeboten, darunter auch die Lomi Lomi Nui, die als Königin unter den Massagen gilt.

Ein Aufenthalt im Harz wird meist sehr aktiv gestaltet, da sehnt man sich schnell nach Entspannung. In der ganzen Harzregion gibt es wohl keinen geeigneteren Platz dafür als das kleine, liebevoll geführte Massagestudio Aloha ike in Astfeld, unweit von Goslar.

Frangipani-Blüte

Aloha bedeutet übersetzt Liebe, Mitgefühl, Freundlichkeit, Warmherzigkeit. Ike lässt sich mit sehen, fühlen, wissen, bewusst sein, aber auch dem Bewusstsein übersetzen. Das sind gute Voraussetzungen, um die Seele baumeln zu lassen.

In harmonischer Atmosphäre konzentriert man sich hier auf die Entspannungsprinzipien der Urvölker aus weiter Ferne. Die hawaiianischen Massagetechniken wurden entwickelt, um Körper und Seele in Einklang zu bringen und Blockaden zu lösen, um den Energiefluss zu verbessern und zu heilen. Bei uns gilt die Lomi jedoch eher als Wellnessmassage und weniger als Therapiemassage, was den Erholungsfaktor aber nicht beeinflusst.

Zur Auswahl stehen die Kahi-Loa-Elementenmassage am bekleideten Körper, die Lomi Hapai, eine Massagetechnik speziell für schwangere Frauen, und die Ganzkörpermassage Lomi Lomi Nui, wahlweise auch in Verbindung mit heißen Steinen, um das Gefühl zu intensivieren. Ergänzend werden noch Hand- und Fußmassage, Gesichtsmassage und Rückenmassage angeboten.

Eine Lomi-Massage ist ein Erlebnis und nicht nur eine Massage. Schon beim Betreten des Studios fühlt man sich einfach gut. Die herzliche Begrüßung, sanfte Klänge hawaiianischer Musik, ein herrlicher Duft und eine frisch gebrühte Tasse Tee

Der Bahandlungsraum

schaffen sofort die Grundlage für Vertrauen und Entspannung pur. Bei einem Eingangsgespräch werden etwaige Fragen geklärt und die Unterschiede zu einer klassischen Massage erläutert. Danach singt die Lomi Practitioner ein hawaiianisches Gebet und läutet damit das Massageritual ein. Fließende und kreisende Griffe, Innehalten, Dehnen und Wiegen von Körperteilen geben das Gefühl von Geborgenheit und lösen An- und Verspannungen. Die Practitioner stellt die Intensität der Massage auf die Bedürfnisse ein. Somit kann, aber muss die Massage nicht kräftig sein, auf Wunsch kann sie auch sehr sanft und streichend erfolgen. Außergewöhnlich ist

Öffnungszeiten: nach Absprache, Tel. 0157 70612314
Preise: ab 70 EUR/60 Minuten, je nach Art und Länge der Massage
Weitere Aktivitäten:
- Granetalsperre: *harz-info.de/erlebnisse/tour/rundwanderweg-granetalsperre*
- Heimatmuseum Langelsheim: *langelsheim.de/Leben/Kultur/Heimatmuseum-Langelsheim*

das Erlebnis in Rückenlage. Unter dem eigenen Körper massiert zu werden, ist weit entfernt vom bisher Erlebten.

Am Ende möchte man gar nicht glauben, dass die Zeit bereits vergangen ist. Jegliches Zeitgefühl ist abhandengekommen. Zugedeckt genießt man die Ruhephase und darf langsam wieder aufwachen und ins Hier und Jetzt zurückfinden. Man fühlt sich wie neu geboren. Das Procedere ist ein sehr intensives Erlebnis. Es verspricht völlige Ruhe, Entspannung; man kann sich wunderbar fallenlassen, um den Stress aus Beruf und Alltag abzuschütteln. Der Energiefluss ist spürbar und Geist und Körper sind dankbar.

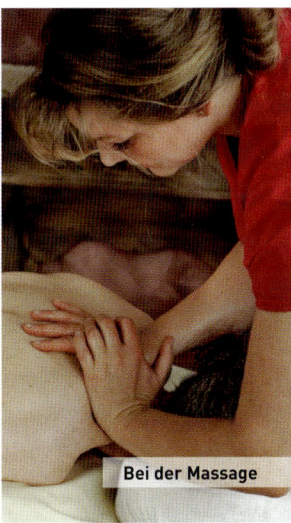

Bei der Massage

Durchschnittlich dauert die reine Massagezeit zwischen 60 und 120 Minuten, für das Vorgespräch und die Ruhezeit sollte man noch zusätzlich ungefähr 30 Minuten einplanen.

Info

Lage: Astfeld liegt etwa vier Kilometer westlich von Goslar im Nordharz. Aloha ike: Goslarsche Straße 48, 38685 Langelsheim OT Astfeld

Anfahrt: Von Goslar aus in Richtung Langelsheim auf der B82, Ausfahrt Astfeld/Herzog Juliushütte nehmen, dann rechts abbiegen in Richtung Astfeld und dem Straßenverlauf bis auf die Goslarsche Straße folgen, auf der linken Seite, vor dem Haus Nr. 48, befinden sich mehrere kostenlose Parkplätze.

Website: *aloha-ike.de*

SPUR DER STEINE

Wolfshagen im Harz bietet mit einem gut ausgebauten Netz an Wegen beste Voraussetzungen zum Wandern. Als Premium-Spazierwanderweg wurde der Themenpfad „Spur der Steine" rund um den renaturierten Diabas-Steinbruch ausgezeichnet. Er gilt als das „Sahnestück" der Wanderwege in dieser Region.

Der Luftkurort Wolfshagen im westlichen Nordharz liegt eingebettet in ein breites Tal, keine zehn Autominuten von der Kaiserstadt Goslar entfernt. Die intakte Natur rund um den Ort verspricht ein entspanntes Urlaubserlebnis. Harzer Traditionen werden hier großgeschrieben, so gibt es eine riesige Walpurgisfeier mit der bekannten Wolfshagener Hexenbrut. Dieses Spektakel zieht jährlich Hunderte Besucher an.

Der Harz ist durchzogen von vielen Felsformationen und Klippen. Das Landschaftsbild des Steinbruchs wurde allerdings nicht von der Natur, sondern von Menschenhand gefertigt. Von 1885 bis zur Stilllegung 1986 wurden hier rund 25 Millionen Tonnen Diabas-Gestein abgebaut. Das magmatische Gestein wurde aufgrund seines hohen Druckfestigkeit vor allem für den Straßenbau verwendet. Diese großflächigen Abbaumaßnahmen veränderten die Landschaft extrem.

Heute ist das 38 Hektar große Gelände ein eindrucksvolles Beispiel für eine erfolgreiche Renaturierung. Von 1986 bis 1989 wurde hier, mit großem Aufwand, ein möglichst naturnahes Refugium für zahlreiche, seltene Tier- und Pflanzenarten geschaffen. Allein die Vielfalt der hier vorkommenden Libellenarten macht den Steinbruch zu etwas Besonderem. Auf dem 2016 eröffneten Themenpfad bieten sich viele Gelegenheiten, um die Natur und ihre Bewohner zu beobachten. Das Gebiet ist bekannt für viele

Uhu

Uhu-Sichtungen! Auch die seltene Geburtshelferkröte kommt hier vor. Wenn man sie nicht sieht, hört man sie.

Am Wegesrand findet man zahlreiche Infostationen mit interessanten Fakten rund um die Geschichte des Steinbruchs, die

Blick auf den Steinbruch

Renaturierungs-maßnahmen und die Flora und Fauna. Die rund sieben Kilometer lange Wanderung führt einmal komplett um den Steinbruch herum. Stellen-weise gilt es steile und steinige Steigungen und Gefälle, teils über Steintreppen, zu überwinden. Gerade wenn es nass ist, verlangt einem der schmale Pfad manchmal hohe Konzentration und Trittsicherheit ab. Das Areal kurz vor der Abbruchkante ist dicht mit einheimischen Hölzern bepflanzt und bietet viele idyllische Plätze für eine Rast an.

Auf rund sechs Hektar wurden Flachgewässer angelegt, die durch die auf dem Gelände vorkommenden drei Quellen mit Frischwasser gespeist werden und über kleine Gefälle miteinander verbunden sind. In den Feuchtgebieten wurden künstliche Inseln aufgeschüttet und bepflanzt. In den Felswänden schaffte man Höhlen, die als Schutz- und Brutstellen genutzt werden. Bei einem Besuch sollte man ein Fernglas mitbringen, so kann man die vielen Vögel besser beobachten.

Start der Wanderung:
kostenloser Parkplatz am Sportplatz in Wolfshagen; Streittorstraße, 38685 Wolfshagen
Öffnungszeiten:
immer
Eintritt: kostenlos

Das Innere des Steinbruchs ist durch einen Zaun abgesperrt und der Zutritt strengstens verboten. Es ist den Tieren und Pflanzen vorbehalten. Für die Besucher wurden zwei

Aussichtsplattformen angelegt, die spektakuläre Blicke über das Gelände bieten. Der turmartige Brutfelsen inmitten des Geländes ist ein 47 Meter hohes, markantes Felsengebilde. Das Gestein wurde als nicht abbauwürdig angesehen und prägt heute das Landschaftsbild.

Für einen Besuch sollte man mindestens drei Stunden einplanen, um diese außergewöhnliche Landschaft in Ruhe zu erkunden. Die Skulpturen aus örtlichen Diabas-Blöcken geben der Wanderung ein ganz besonderes Flair.

Lage: am östlichen Ortsrand von Wolfshagen, einem Ortsteil von Langelsheim

Anfahrt: Über die B82 (Goslar-Rhüden) auf die K35/Im Tölletal, Richtung Langelsheim/Wolfshagen. In der Ortsmitte Abzweig auf die Straße Die Meine, dann in die Streittorstraße einbiegen und dieser bis zum Sportplatz folgen. Grüne Schilder „Spur der Steine" weisen den Weg ab Ortseingang.

Anreise mit dem Bus: Linie 832 bis Haltestelle Ortsmitte Wolfshagen

Websites:
- *wolfshagen.de*
- *harzklub-wolfshagen.de*
- *spur-der-steine.info*

HINWEISE:
- Der Diabas-Steinbruch ist heute Bestandteil des UNESCO-Geoparks Harz.Braunschweiger Land. Ostfalen.
- Nicht barrierefrei!
- Gute Grundkondition und Trittsicherheit sollte man mitbringen ebenso wie festes Schuhwerk. Bitte an das Wegegebot im Schutzgebiet halten.

8 Herzberger Teich

UND KINDERBRUNNEN

Herzog Heinrich der Jüngere schuf im Jahr 1561 zusammen mit der Stadt Goslar den Herzberger Teich, um die Versorgung des Bergwerkes Rammelsberg mit Wasser zu sichern. Unweit des Sees, versteckt im Wald, findet man den mystischen Kinderbrunnen.

Der See wurde errichtet, um den Betrieb der Gruben auch bei Trockenheit zu gewährleisten. Durch ihn konnte die Versorgung der Wasserräder mit Aufschlagwasser erfolgen. Nachdem der Damm im Jahr 1651 brach und das Wasser großen Schaden in der Stadt angerichtet hatte, folgte 1768 der Bau eines viel stabileren und größeren Staudamms. Fortan fasste der künstlich angelegte See 100.000 Kubikmeter, was dem vierfachen Fassungsvermögen des ursprünglichen Sees entsprach.

Durch die fortschreitende Umstellung auf Elektrik in den Bergwerken wurde auf Wasserkraft bald verzichtet. Der Schwimmverein Goslar eröffnete 1926, nach zähen Verhandlungen mit der Stadt, den Herzberger Teich als Familienschwimmbad. In den folgenden Jahren wurde das Bad einige Male geschlossen und wiedereröffnet, was an den fehlenden Geldern für eine nötige Sanierung der denkmalgeschützten Gebäude lag. Die Errichtung eines Zauns rund um den Teich hinderte Besucher jedoch nicht daran „wild" zu baden, und somit beschloss die Stadt im Jahr 2011 den Zaun zu entfernen und das Baden auf eigene Verantwortung wieder zu erlauben. Die alten Umkleidekabinen blieben geschlossen und fielen 2013 einem Feuer zum Opfer. Heute ist leider von dem einstigen schönen Jugendstilgebäude nichts mehr zu sehen.

Wer auf der Suche nach Ruhe inmitten wunderschöner Natur ist, der ist hier richtig. An heißen Sommertagen oder nach einer Wanderung bietet das klare, grünlich schimmernde Wasser die perfekte Abkühlung. Vor allem unter der Woche sind hier kaum Menschen anzutreffen. Rund um den See führt ein schöner Weg, der zum Spazieren gehen einlädt. Einfach ein herrlicher Ort zum Verweilen oder die weitere Harztour zu planen. Auch Hunde dürfen sich hier erfrischen und durchs Wasser toben. Paddleboard-Fans kommen hier ebenfalls auf ihre Kosten.

Vom Parkplatz Rammelsberg sollte man unbedingt den kurzen Trampelpfad rechts durch die Bäume und über die Wiese nehmen.

Kinderbrunnen

Rechts befindet sich der etwas steile Treppenaufgang zur Staumauer und vor dieser Treppe wiederum befindet sich ein kleiner Wasserfall, der den meisten Besuchern verborgen bleibt, weil sie die Zufahrtsstraße „Bergtal" bis zum See entlang gehen. Einfach dem Rauschen des Wassers folgen, um ihn zu finden.

Am Ende der Bergtaler Zufahrtsstraße befindet sich links die Waldgaststätte Kinderbrunnen. Die Einkehr lohnt, denn der Gasthof erinnert an Omas Wohnzimmer und es gibt leckere Gerichte. Einige Meter vor der Gaststätte liegt etwas versteckt im Wald ein sagenumwobener Ort. Lediglich ein kleines Schild weist darauf hin, wo man den „Kinderbrunnen" findet. Dieser Platz, inmitten riesiger Bäume, ist von einer mystischen Atmosphäre umgeben.

Es ranken sich verschiedene Sagen um diesen Brunnen. Eine davon besagt, dass die Frau eines kaiserlichen Dieners im Jahr 1016 bei einem Spaziergang hier zwei Jungen gebar und die Quelle daher ihren Namen Kinderbrunnen bekam. Weiterhin erzählt man

Öffnungszeiten:
Der Teich und der Kinderbrunnen sind rund um die Uhr frei zugänglich.
Eintritt: kostenlos
Weitere Aktivitäten:
- Bergwerk Rammelsberg Goslar: *rammelsberg.de*
- Stadtführung durch die Altstadt Goslar: *goslar.de/tourismus/stadt-erleben*
- Kaiserpfalz: *goslar.de/kultur-freizeit/museen/kaiserpfalz*
- Mönchehaus Museum: *moenchehaus.de*

sich, dass Frau Holle sich im Harz niedergelassen hatte und am Kinderbrunnen regelmäßig eine „Kinderwunschsprechstunde" abhielt: Die Bergleute aus dem Rammelsberg konnten hier ihre „Bestellungen" aufgeben, um zahlreich Nachkommen zu zeugen, damit für den Bergbau stets ausreichend Arbeiter zur Verfügung standen. Laut einer weiteren Geschichte soll eine Mutter ihre drei Kinder im Brunnen ertränkt haben. Besucher, die nach Sonnenuntergang diesen Ort aufsuchen, schwören, sie hätten die drei unruhigen Seelen, in Form einer dreiflammigen Laterne, im Wald umherwandern sehen …

Wer herausfinden möchte, welche der Sagen wahr ist, könnte der Sache bei einem nächtlichen Waldspaziergang am Rammelsberg vielleicht näherkommen. Das Quellwasser kann bedenkenlos getrunken werden. Wanderer nutzen die Quelle, um ihre Wasserreserven aufzufüllen. Achtung, es wird behauptet, dass kinderlose Frauen, die aus der Quelle trinken, kurz darauf schlaflose Nächte haben!

Lage: Der Herzberger Teich und der Kinderbrunnen liegen im Bergtal unweit des Bergwerks im Rammelsberg; Bergtal 1, 38644 Goslar

Anfahrt: Durch Goslar führt eine gute Beschilderung zum Rammelsberg. Um den Parkplatz zu erreichen, folgt man der Straße Bergtal. Das Bergwerk lässt man links liegen, nach einer scharfen Linkskurve befindet sich der Parkplatz hinter dem Förderturm. Eine Bushaltestelle befindet sich in unmittelbarer Nähe am Bergwerk Rammelsberg.

Website: *ausflugsziele-harz.de/ausflugsziele-sehenswertes/baden/goslar-herzberger-teich.htm*

HINWEIS: Kostenloser Download der Goslar App „Natur erleben" und Tourenplaner

9 Mattermeisterturm Goslar

RESTAURANT IN HISTORISCHEM AMBIENTE

Die erste urkundliche Erwähnung des Turmes lässt sich auf das Jahr 1548 datieren. Das auf einer Halde errichtete historisch wertvolle Gebäude diente ursprünglich zur Überwachung der Gruben; die Glocke läutete den Schichtbetrieb im Bergwerk ein, warnte aber auch bei Gefahr wie vor Plünderern und Angreifern. Die Anläuteglocke kann noch heute in der Ausstellung des „Haus M" am Rammelsberg besichtigt werden.

Der ehemalige Anläuteturm der Bergleute ist ein historisches und kulinarisches Highlight der Harzregion. Er ist Teil der ältesten Tagesanlage am Rammelsberg und wahrscheinlich sogar in ganz Deutschland. Von der Panoramaterrasse aus bietet sich den Gästen der rustikalen Berggaststätte der beste Panoramablick über die Kaiserstadt und die Umgebung.

Der Name Maltermeisterturm geht auf den „Maltermeister" zurück. Der Turm diente ihm ab Mitte des 18. Jahrhunderts als Wohnraum. Der Meister war für die Verwaltung des Holzes, das in Maltern gemessen wurde und für den Bergbau benötigt wurde, zuständig. Ein „Malter" entspricht etwa zwei Raummetern, und für die Gewinnung von einer Tonne Erz in Rammelsberg benötigte man mehr als einen Kubikmeter Holz. Der jährliche Verbrauch lag bei etwa 6000 Malter.

Im Jahr 2004 eröffnete die heutige Berggaststätte und heißt seitdem Besucher aus aller Welt willkommen. Die Gaststätte liegt idyl-

Maltermeiserturm

Terrasse des Restaurants

lisch mitten im Wald und ist von zahlreichen Wanderwegen umgeben.

Am besten stellt man sein Auto auf dem Parkplatz am Herzberger Teich ab und folgt dem ausgeschilderten Pfeifenweg zum Maltermeisterturm. Der Weg ist mit Steinen aufgeschüttet, und es geht stetig bergauf, ein gewisses Maß an Fitness schadet also nicht. Für den Aufstieg sollte man 20 bis 30 Minuten einplanen. Besonders schön ist es im Spätsommer, wenn die Heide blüht. Auf dem Weg blickt man immer wieder auf das Bergwerk Rammelsberg. Mit dem Auto kann man auch direkt bis zum Turm fahren; ausreichend Parkplätze stehen zur Verfügung.

Im Restaurant gibt es Harzer Spezialitäten, aber auch andere kulinarische Kreationen. Es werden nur regionale Produkte verarbeitet. Besonders zu empfehlen sind die Wildgerichte, das Wild wird von der befreundeten Jägerschaft geliefert. Hier isst man also zu 100 Prozent Harzer Wild. Natürlich gibt es auch für Vegetarier eine gute Auswahl an leckeren Speisen. Die Küche verzaubert mit ständig wechselnden Angeboten und täglich gibt es frische Kuchen und Torten zur Auswahl in der Vitrine. Neben der Panoramaterrasse (auf 419 Metern) und dem Turmgarten sind verschiedene Gasträume vorhanden und somit ist auch genügend Platz für Feiern aller Art.

Öffnungszeiten:
Montag bis Freitag 12 bis 21 Uhr, Samstag und Sonntag 11:30 bis 21 Uhr; warme Küche täglich von 12 bis 19 Uhr; flexible Öffnungszeiten nach Absprache

Egal, ob spontan nach einem Wandertrip, zu einem gemütlichen Abendessen im Kaminzimmer oder auf eine Tasse Kaffee auf der wundervollen Terrasse, der Maltermeisterturm ist auf jeden Fall einen Besuch wert.

Aufstieg zum Turm

*I*nfo

Lage: Rammelsbergerstraße 99, 38644 Goslar

Anfahrt: In Goslar der Ausschilderung Richtung Rammelsberg und Maltermeisterturm folgen. Wer den oben genannten Fußweg gehen möchte, der fährt bis zum Parkplatz am Herzberger Teich. Barrierefreier Zugang ist möglich, bitte melden Sie sich telefonisch an, Tel. 05321 4800

Weitere Aktivitäten:

- Verschiedene Wanderungen rund um den Maltermeisterturm und Rammelsberg
- Besuch im Bergwerk Rammelsberg: *rammelsberg.de*
- Herzberger Teich und Kinderbrunnen: siehe Tipp 8, Seite 66

Website:

- *maltermeister-turm.de*
- *harzlife.de/harzrand/maltermeisterturm.html*

HINWEISE: Hunde sind stets willkommen.

10 Wanderung zur Verlobungsinsel

UND BESUCH IM KLEINSTEN KÖNIGREICH DER WELT

Das Okertal ist eines der schönsten Fleckchen im Harz und ein beliebtes Ausflugsziel für Wanderer, Kletterer und Wassersportler. Das Naturparadies bietet vielfältige Wanderungen, Panoramablicke und idyllische Picknickplätze. Vogelbeobachter kommen ebenfalls voll auf ihre Kosten.

Okertalsperre

Mitten im Nationalpark Harz in Altenau entspringt die Oker am Bruchberg und bahnt sich ihren Weg durch enge Schluchten, bevor sie nach etwa 105 Kilometer bei Gifhorn in die Aller fließt. Vor etwa 1,8 Millionen Jahren, im Pleistozän, bildete sich die heutige Naturlandschaft durch Verschiebung der Eismassen und ist somit auch für Geologen von großem Interesse. Die Wanderung um die Okertalsperre gehört zu den geologischen Wanderpfaden im Nordharz.

Das beliebteste Stück des Tals befindet sich unweit der Ortschaft Oker, die zum Landkreis Goslar gehört. Ein optimaler Ausgangspunkt für Unternehmungen ist die kleine Häuseransammlung Romkerhall. Hier befinden ausgewiesene Parkplätze direkt neben der Hauptstraße. Das Hotel und Restaurant Romkerhall, das selbst ernannte, kleinste Königreich der Welt, ist bekannt für günstige Übernachtungsmöglichkeiten und riesige Windbeutel. Natürlich gibt es auch traditionelle Harzer Gerichte. Der perfekte Ort, um sich nach einer Wanderung zu stärken.

Das kleinste Königreich der Welt

Das Anwesen diente früher König Georg V. von Hannover als Jagdschlösschen. Als dieser nach Österreich ins Exil ging, gelangte es in den Besitz der Familie Hülsch. Durch die Übernahme der neuen Eigentümer erwachte das Schlösschen aus seinem Dornröschenschlaf und ist seitdem Hotel und Gasthof. Übernachten kann man heute in einem der 25 Zimmer. Eine Schlossführung kostet vier Euro und beinhaltet ein Begrüßungsgetränk sowie ein Visum. Für die kleine Notdurft muss ein Transitvisum beantragt werden. Kosten 1,50 Euro, Rückerstattung erfolgt bei Kauf von Getränken oder Speisen. Die Einnahmen werden für die immer noch andauernden Renovierungsarbeiten des Gebäudes verwendet.

Königskurier

English Edition · ITD 2012

Kingdom of Romkerhall

Visit the World's smallest Kingdom!

We are awakening the Kingdom of Romkerhall from its enchanted slumber!

Summer 1988 · Coronation

H.M. Queen Erina of Romkerhall

A small kingdom in the middle of Germany? That's something unique!
You cannot believe it? Then, read this small newspaper and you will learn the extraordinary story of the smallest kingdom in the world!

The former hunting lodge of King Georg V of Hanover is the heart of the little kingdom. Today, it is a romantic hurting hotel with experiential value and gastronomy.

In the last few years, the estate had been badly neglected, but now, it is in new hands. It is being expansively refurbished.
18 out of 25 guestrooms have been convergely renovated. In the inside, a lot of things have been achieved already. Now, the outer facade is to be proceeded soon.

Plunge into fairy tale world and let it charm you, e.g. during a night in a canopy bed, a knight's feast at a traditional table, a historical costume party in the Royal Hall or a trip in the Royal Rolls-Royce-stretched limousine.
The Kingdom of Romkerhall is located in an idyllic landscape directly at Romkerhall's waterfall. It is the ideal starting point for trips into the Harz Mountains. Here, many hiking trails cross. The sharttainme tourovell ele within walking distance. The World Cultural Heritage town Goslar and the old-upmine are reachable in only a few minutes by car.

Romkerhall is an insider's tip for bridal couples! Get married in the castle's chapel, celebrate in the Royal Hall and spend your wedding night in the Royal Bedroom. We let your dreams come true!

Gleich gegenüber vom Königreich findet man den höchsten künstlich angelegten Wasserfall im Harz mit grandiosen 64 Metern Höhe. Er ist somit auch der höchste Wasserfall in Norddeutschland. Verschiedene Wege – mal einfach, mal sehr steil – führen auf die Wasserfall-Klippe. Belohnt wird man mit einem grandiosen Blick über das Okertal. Die beste Jahreszeit für einen

Kristallklares Wasser

Besuch ist der Herbst, da der Wasserfall dann in vollem Fluss zu bestaunen ist und die bunten Blätter der Wälder einen ganz besonders farbenfrohen Anblick garantieren. Im Winter entsteht ein faszinierendes Eiskunstwerk und lockt Eiskletterer aus ganz Europa an.

Auch sonst ist die Gegend bei Kletterern beliebt. Die Rabowklippe (Rabenklippe) ist mit 50 Metern der höchste Kalkfelsen im Tal und wird auch Okertaler Matterhorn genannt. Von erstem Februar bis Ende Juli ist der Felsen für Kletterer aus Naturschutzgründen gesperrt. Der Kletterfelsen „Marienwand" befindet sich in unmittelbarer Nähe des Hotels.

Brücke zur Verlobungsinsel

Auf der Verlobungsinsel

Weitere Aktivitäten:

- Der Okertalstausee eig-
net sich hervorragend für viele
Wassersportarten und ist auch
offiziell dafür zugelassen. Es ist der
einzige Stausee, in dem das Tauchen
erlaubt ist. Die Taucher können den
versunkenen Ort „Alt-Schulenberg"
erforschen. Verschiedene Buchten lan-
den zum Sonnen und Baden ein. Auch
eine Okerseerundfahrt ist lohnenswert; *okersee.de*
- Talsperrenrundweg von Schulenberg: ca. neun Kilometer lange
Wanderung mit tollen Blicken
über den See. Badehose
nicht vergessen!

Ein gut verstecktes Naturhighlight ist die
Verlobungsinsel. Hinter dem Königreich Romkerhall startet ein
schmaler Wanderweg durch
den Wald entlang der Oker.
Der Pfad ist teils schroff,
felsig und mit großen
Wurzeln durchzogen. Ent-
lang des Weges laden
wunderschöne Plätze
zum Verweilen ein. Unbe-
dingt die Picknick-Decke
einpacken! Nach rund
einem Kilometer Fuß-
marsch erreicht man eine
kleine Holzbrücke, über die
man auf die Verlobungsinsel
gelangt – ein magischer Ort
inmitten riesiger Felsen, umspült
von der wilden Oker, eine der schöns-

ten Wildwasserstrecken Deutschlands. Hier kann man die mutigen Kanuten beobachten oder selbst bei einer Wildwasserfahrt mitmachen.

Wer lieber die Ruhe der Natur genießt, der kann dies auf einer der Holzbänke tun. Auf den Felsen sonnen sich Eidechsen, eine kleine Schlange lugt aus einem Felsspalt hervor und in den dichten Bäumen tummeln sich Zaunkönig, Buntspecht und Co.

Info

Lage: Das Okertal liegt südlich von Oker; Romkerhall: Okertal 24, 38644 Goslar

Anfahrt: Schon die Fahrt über die teils kurvige B498 durch das wunderschöne Okertal ist einen Ausflug wert:

- Ab Goslar auf der B498 Richtung Schulenberg
- Ab Goslar erreicht man das Okertal auch mit der Buslinie 861. Über Oker, Schulenberg und Altenau gelangt man bis nach Clausthal-Zellerfeld. Wer zum Königreich möchte, steigt an der Sperrmauer der Okertalsperre oder direkt in Romkerhalle aus; *Harzbus-Goslar.de*

HINWEISE:

- Der Weg ist nicht sonderlich schwierig, aber teils von Felsen und dicken Wurzeln durchzogen. Somit sind gute Wanderschuhe und eine gewissen Trittfestigkeit von Vorteil.
- Das Flussbett sollte man nicht betreten bzw. die Spülzeiten der Okertalsperre erfragen. Wenn die Talsperre abgelassen wird, kommt es zu plötzlichen Fluten, die alles mit sich reißen.
- Sechs Zimmer in Romkerhall wurden liebevoll als Themenzimmer gestaltet wie zum Beispiel das Fürsten- oder Cinderellazimmer; Übernachtung im Standardzimmer ab 35 EUR. Wer im königlichen Schlafgemach nächtigen möchte, kann dies für 80 EUR tun.

11 Wildgehege Bad Harzburg

ZU BESUCH BEI HIRSCH UND REH

Direkt am Golfplatz in Bad Harzburg befindet sich das Wildgehege. Hier erlebt man die Wildtiere hautnah und darf sie sogar füttern. Ein wunderschönes Stückchen Natur am Rande von Bad Harzburg.

Rotwildkuh

Unweit der Galopprenn-bahn und den Gestütswie-sen, angrenzend an den Golfplatz wurde am ehe-maligen Gelände der Grube „Friederike" im Jahr 1990 ein Wildgehege errichtet. Das Areal ist groß und bie-tet auf acht Hektar genug Platz für die vier verschie-denen Wildarten, die hier zu sehen sind: Muffelwild, Sika-Hirsche, Dam- und Rotwild, das auch in den Harzer Wäldern heimisch ist. Außerdem gibt es noch ein weiteres Gehege mit niedlichen Zwergziegen. Insgesamt leben derzeit etwa 100 Tiere hier.

Bei der Fütterung

Damwild

Die Tiere freuen sich über Besucher, vor allem über die, die Futter mitbringen. Das Füttern ist offiziell erlaubt; bitte die Hinweistafeln an den Gehegen beachten. Zur Fütterung eignen sich Süßkartoffeln, Walnüsse, Nudeln aus Hartweizengrieß ohne Ei, Kastanien, Karotten, Äpfel usw.; Brot darf nicht verfüttert werden, es ist sehr ungesund für die Tiere.

Das Gehege kann man ganzjährig besuchen. Ein einfacher Weg führt direkt an der Umzäunung entlang und ist für Kinderwagen und Rollstühle bestens geeignet. Für den Besuch sollte man ungefähr eine Stunde einplanen.

Öffnungszeiten: jederzeit zugänglich; Tel. 05335 559996
Eintritt: frei
Weitere Aktivitäten:
- Wanderung über die Gestütswiesen zum Café Goldberg; *cafe-goldberg.de*
- Besichtigung Bündheimer Schloss: *veranstaltungslokationen.de/buendheimer_schloss.php*
- Sole-Therme Bad Harzburg: *bad-harzburg.de/wellness-gesundheit/bad-harzburger-sole-therme*

Für Kinder sind die Hirsche und Rehe ein Highlight, weil sie ganz nah herankommen. In den hohen Baumwipfeln lassen sich zudem viele Eichhörnchen und Vögel beobachten. Die Wiese am Eingang des Areals lädt zum Ausruhen und Picknicken ein.

Lage: Bad Harzburg liegt im Landkreis Goslar im Nordharz an der Landesgrenze von Niedersachsen und Sachsen-Anhalt. Die Stadt erstreckt sich nach Süden in das Tal der Radau und liegt am Rand des Nationalparks Harz; Wildgehege: Silberbornstraße 28, 38667 Bad Harzburg OT Bündheim

Anfahrt: Gegenüber der Kleingartenanlage befindet sich ein kleiner, kostenfreier Parkplatz an der Silberbornstraße in Richtung Breitenberg.

Anreise mit der Bahn: Vom Bahnhof Bad Harzburg aus erreicht man das Gehege nach etwa 15 Minuten Fußmarsch.

Zu Fuß: Von der Harzburger Innenstadt ist es eine schöne kleine Wanderung durch den Kurpark vorbei am Haus der Natur, über die Amsberg- und Golfstraße Richtung Bündheim zum Wildgehege.

Website: *bad-harzburg.de/familie-freizeit/wildgehege-am-golfplatz*

HINWEISE:
- Bitte unbedingt die Fütterungshinweise auf den Tafeln beachten!
- Bei Nässe gute Schuhe mitbringen.
- Es gibt keine Toilette.
- Hunde sind gern gesehen, müssen aber an der Leine geführt werden.

12 Plumbohms Aussichtsreich

AUF DEM HISTORISCHEN BURGBERG

Ein ganz besonderes Gast- und Logierhaus, hoch über den Dächern von Bad Harzburg, überzeugt durch seine Lage, die liebevolle Einrichtung, die Gastfreundlichkeit und nicht zuletzt durch die ausgezeichnete Küche. Eine Freude für alle Sinne.

Allein die Anreise zu dem liebevoll gestalteten Anwesen ist ein kleines Abenteuer und Entschleunigung zugleich. Durch die exponierte Lage mitten im Nationalpark Harz ist eine direkte Zufahrt mit dem Auto nicht möglich. Die Anreise erfolgt mit der Burgberg-Seilbahn, die zu den ältesten Seilbahnen Deutschlands gehört, oder zu Fuß. Hier erlebt man wunderschöne Natur und Geschichte hautnah.

Der Burgberg selbst war Schauplatz von bedeutenden historischen Ereignissen. Bereits in einer Überlieferung aus dem 8. Jahrhundert wurde der Berg in Zusammenhang mit dem sächsischen Götzen Krodo erwähnt. Kaiser Heinrich IV. errichtete 1065 bis 1068 die erste Burg, die kurz nach dem Sachsenaufstand 1074 zerstört wurde. Im Jahr 1180 wurde sie durch Barbarossa erneut aufgebaut. Kaiser Otto IV. fand 1218 hier seinen Tod. Etliche Besitzerwechsel später errichtete man im Jahr 1877 die Canossa-Säule. Fortan sicherten Archäologen durch viele Ausgrabungen Reste der Burg.

Gemütliche Zimmer

Das Aussichtsreich liegt auf dem Plateau des großen Burgberges auf einer Höhe von 483 Metern. Hier erwartet die Gäste jeglicher Komfort in einer perfekten Kombination von Natur und Luxus. Alle Zimmer und Suiten sind geräumig, lichtdurchflutet und bieten wunderbare Ausblicke. In jeder Suite steht ein Kamin zur Verfügung, der für knisternde Träume sorgt. Die Küche legt großen Wert auf regionale Produkte und Gerichte. Diese werden gekonnt in besonderen kulinarischen Kreationen im gemütlichen Gastraum oder auf der Terrasse serviert. Die hauseigene Konditorei macht das Schlemmerglück perfekt. Man findet eine Vielfalt an Kuchen- und Torten-Zaubereien vor, die täglich frisch zubereitet

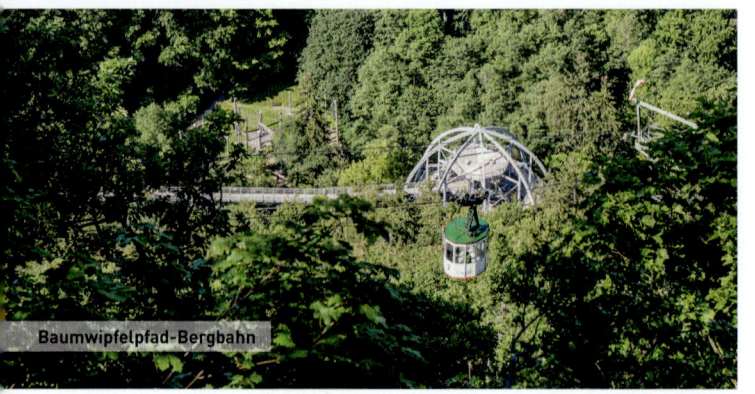

Baumwipfelpfad-Bergbahn

werden. Eine besondere Auswahl an Getränkespezialitäten lässt die Herzen von Kaffee- und Teeliebhabern höherschlagen.

Zahlreiche Wanderwege laden ein, sich die Beine zu vertreten und die Umgebung zu erkunden. Auf dem historischen Rundweg werden geschichtliche Zusammenhänge erklärt. Der nahe gelegene Baumwipfelpfad und die Baumschwebebahn eröffnen Einblicke in die Natur aus einer völlig anderen Perspektive.

Weitere Aktivitäten:

- Luchsgehege mit Fütterung am Burgberg: *bad-harzburg. de/poi/das-luchsgehege*
- Sole-Therme Bad Harzburg: *bad-harzburg.de/wellness-gesundheit/ bad-harzburger-sole-therme*
- Wanderung zum Kreuz des Ostens: *bad-harzburg.de/tour/wanderung-zum-kreuz-des-deutschen-ostens-bei-bad-harzburg*
- Historische Wandelhalle im Badpark: *bad-harzburg.de/ wellness-gesundheit/ wandelhalle*

Spannend im Aussichtsreich ist die Beobachtung des Wetters. „Dem Wetter beim Arbeiten zusehen", beschreibt es der Seniorchef passend. Besonders spektakulär ist es, wenn mutige Paraglider ihre Runden über den Dächern von Bad Harzburg ziehen.

Der Betreiberfamilie Junicke ist es gelungen mit diesem Haus ein wahres Paradies zu schaffen, wohl eine der schönsten Übernachtungsmöglichkeiten im Harz. Hier ist es außergewöhnlich, wunderschön und sehr erholsam.

Gastraum

Die gastronomischen Einrichtungen in den beiden Häusern stehen allen offen, auch ohne Übernachtung. Das Frühstück mit Ausblick auf die Region ist die beste Möglichkeit, um in einen tollen Tag zu starten.

Info

Lage: Das Hotel Aussichtsreich liegt auf dem Burgberg; Check-in ist im Stammhaus Plumbohms, Herzog-Wilhelm-Straße 97, 38667 Bad Harzburg.

Anfahrt: über die A36 aus Richtung Goslar/Wernigerode, Ausfahrt Bad Harzburg und weiter über die B4. Vom Oberharz kommend (Torfhaus) ebenfalls über die B4.

Anreise mit Bahn und Bus: ab Bahnhof Bad Harzburg ca. 15-minütiger Fußmarsch oder per Buslinie 871 bis zur Haltestation Berliner Platz. Von dort aus 150 Meter bis zu Plumbohms Hotel.

Website: *plumbohms.de*

HINWEISE: Zum Aussichtsreich gelangt man mit der 500 Meter entfernten Burgberg Seilbahn von der Talstation in der Nordhäuser Straße aus oder auf einem 30- bis 45-minütigen Fußmarsch auf den Berg. Bei Buchung im Aussichtsreich erhalten die Gäste eine Freikarte mit unbegrenzten Freifahrten für die Burgberg Seilbahn. Die Fahrt dauert ca. drei Minuten. Fahrtzeiten beachten; *bad-harzburg.de/wanderland/burgberg-seilbahn*

Mittlerer Nordharz

Blick auf Schloss Wernigerode

Mittlerer Nordharz

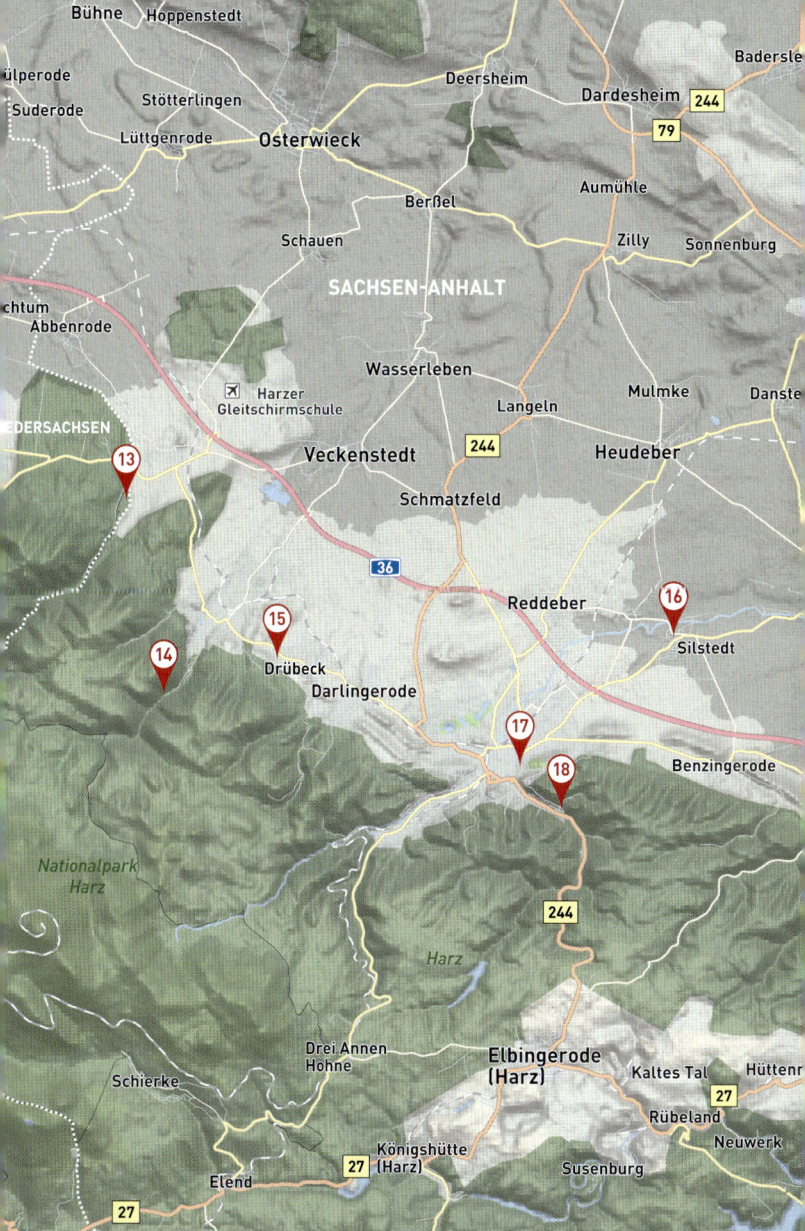

13 Mitten im Eckertal

WALDCAFÉ, NUTZTIERARCHE UND PLANWAGENFAHRTEN

Tief im Wald im Eckertal befindet sich ein ganz besonderer Ort. Das Waldcafé am Jungborn bietet nicht nur Kaffee, Kuchen und leckeres Essen, sondern ist zugleich Heimat von alten Nutztierrassen, die vom Aussterben bedroht sind wie das Husumer Schwein, und Landgänsen.

Nur einen Katzensprung von Bad Harzburg entfernt liegt mitten im Wald der Erlebnisbauernhof und Café am Jungborn. Neben hausgemachten Kuchen- und Torten findet man im Hofladen allerlei leckere Wurstspezialitäten aus eigener Herstellung. Im eigenen Räucherhaus wird köstlicher Schinken vom Haus- und Wildschwein sowie Hirsch zubereitet. Der Chef legt besonders viel Wert auf gute Qualität und eine naturnahe Tierhaltung. Angrenzend an die Sitzplätze im schön angelegten Außenbereich befindet sich ein kleiner Spielplatz und die Ausläufe für Ziege, Gans und Co.

Ferkelnachwuchs

Seit 2016 wird hier mit viel Liebe und Aufwand eine Nutztierarche betrieben. Das Bestreben der Arche ist es, gefährdete Nutztierrassen durch gezielte Zucht zu erhalten und damit die Artenvielfalt zu bewahren. Die alten Hausrassen stellen ein zu schützendes Kulturgut dar – man bekommt sie nur noch selten zu Gesicht. Hier kommt man ihnen jedoch ganz nah: Kaltblutpferden, Husumer Schweinen, Landgänsen, Harzer Ziegen, Marderkaninchen und – auf ihrer Zucht liegt ein besonderer Schwerpunkt – deutschen Pinschern. Der Geschäftsführer Rüdiger Hasenbalg erklärt gerne und ausführlich alles über seine Arche und die Philosophie, die dahinter steckt und weiß als leidenschaftlicher Jäger sehr viel über die Wildtiere und die Wälder des Harzes.

Rund um das Café gibt es tolle Wanderwege. Nicht weit von der Arche befindet sich der „Jungborn". Die erste und älteste Naturheilanstalt Deutschlands wurde 1896 gegründet und diente bis zum Zweiten Weltkrieg als Kureinrichtung. In den 1960er-Jahren wurde sie aufgrund ihrer Lage an der innerdeutschen Grenze geschlossen. Heute ist das Gelände für jedermann zugänglich. Weitere, längere Wanderrouten sind ausgeschildert.

Bei der Planwagenfahrt

Für eine gemütliche Erkundung des Harzes bietet sich eine Fahrt im Planwagen oder eine Kutschfahrt an: von zwei Stunden bis hin zur Tagesfahrt ist alles dabei. Sehr zu empfehlen sind dabei: Tour nach Ilsenburg, zur Wassermühle Otto nach Abbenrode, die Fahrt „Am Grünen Band" auf den Spuren von Heinrich Heine oder die fünfstündige Fahrt zur Rangerstation am Scharfenstein. Besonders zünftig geht es beim Original Harzer Hausschlachte-Picknick auf dem Planwagen zu. Neben verschiedenen Sorten Wurst gibt es Harzkäse, Gurken und frisches Landbrot. Für Gäste, die lieber nach der Planwagenfahrt essen möchten, gibt es artgerecht, ökologisch und aus eigener Zucht gehaltene Spanferkel aus dem Holzbackofen oder die frisch geräucherte Harzer Forelle. Besonderen

Öffnungszeiten: Montag bis Freitag 12 bis 18 Uhr, Mittwoch Ruhetag, Samstag und Sonntag 11 bis 19 Uhr; weitere Termine nach Absprache. Im Waldcafé finden regelmäßig Veranstaltungen und Feiern mit besonderen Spezialitäten und Angeboten statt, zum Beispiel Himmelfahrt, Weinfest, Oktoberfest etc. Aktuelle Informationen sind immer auf der Homepage.

Planwagenfahrten:

- Eine telefonische Voranmeldung für Planwagen- und Kutschfahrten ist zwingend notwendig, Rüdiger Hasenbalg, Tel. 05322 553680 oder 0172 3899054
- Planwagenfahrt zum Mühlendorf Abbenrode: jeden Dienstag um 11 Uhr, zwei Stunden, Erwachsene 15 EUR, Kinder 11 EUR
- Romantische Dämmerungsfahrt für Jung- und Altverliebte: zwei Stunden, 90 EUR

Reiz haben die Fahrten im Winter: eingekuschelt in dicke Decken heißt es Glühwein schlürfen und die herrliche Winterlandschaft genießen. Falls es die Schneemenge zulässt, wird die Fahrt mit dem großen Pferdeschlitten angeboten – eine Pferdeschlittenfahrt durch den verschneiten Harzwald ist immer ein Highlight.

Die Arche ist ein Ort, den man auf seiner Harzreise unbedingt besuchen sollte. Egal, ob nur auf eine Tasse Kaffee oder um den ganzen Tag dort zu verbringen und sich zu „erden". Eine perfekte Gelegenheit für die ganz Familie, um Spaß zu haben, aber gleichermaßen zu entschleunigen – und das alles inmitten wundervoller Natur.

Lage: Das Waldcafé am Jungborn liegt direkt im Nationalpark Harz, im Eckertal zwischen Bad Harzburg und Ilsenburg am Klosterwanderweg und am Europawanderweg R1 auf der Etappe zwischen Ilsenburg und Bad Harzburg; Blankenburger Straße 47, 38667 Bad Harzburg OT Eckertal

Anfahrt: Von Bad Harzburg über A396 und A36 Richtung Wernigerode auf L88 Richtung Stapelburg. Oder von Bad Harzburg über die L501 nach Stapelburg. Es stehen einige Parkplätze direkt vor dem Hof zur Verfügung. Weitere Parkmöglichkeiten gibt es am Kreisverkehr an der Blankenburger Straße, von hier aus ist es ein etwa fünf minütiger Spaziergang bis zum Café.

Weitere Aktivitäten:
- Verschiedene Wanderungen in der direkten Umgebung
- Grenzdenkmal am Ortseingang Stapelburg
- Besuch in Bad Harzburg: stadt-bad-harzburg.de

Websites:
- *kutsch-und-planwagenfahrten.de*
- *bad-harzburg.de/poi/waldcafe-am-jungborn*

14 Wanderung im Ilsetal

DURCH WILDROMANTISCHE NATUR
ZU DEN ILSEFÄLLEN

Eine Wanderung auf den Spuren des Dichters Heinrich Heine. Auf ihn strahlte das Ilsetal ganz besonderen Reiz aus. In seiner 1824 erschienen „Harzreise", beschreibt er eindrucksvoll seine Wanderung von Göttingen bis Ilsenburg.

Alte Buchen, schroffe Felsen, Feuersalamander, Wasseramseln, Waschbären und vieles mehr erwarten die Besucher im ursprünglichen Ilsetal. Fast wie ein Urwald kommt es einem vor, wenn man die felsigen Wege an der Ilse entlangwandert. Das Tal liegt an der Grenze zum Nationalpark Harz und die Hänge, die es einfassen, gehören zum Naturschutzgebiet Wester- und Rhonberg. Auch ein Teil des Euro-

päischen Fernwanderweges E11 führt durch Ilsenburg und das Ilsetal. Wer mit dem Auto anreist, kann dieses bequem an einem der ausgewiesenen Wanderparkplätze abstellen. Am besten ist der Parkplatz am Kletterpark.

Feuersalamander

Von dort ist es nur ein kurzer Fußweg zum Waldhotel am Ilsestein, wo die Besucher freundlich von ein paar Eseln begrüßt werden. Wer möchte, kann hier einen Esel-Führerschein machen. Infos dazu gibt es im Hotel. Gleich hinter dem Hotel beginnen auch die Wanderwege. Hier weisen Schilder des Heinrich-Heine-Wanderweges Richtung Brocken, Ilsefälle bzw. Bremer Hütte. Der Schluchtenabschnitt hinauf zu den Ilsefällen ist einer der schönsten Wege. Um die Natur in vollen Zügen genießen zu können, sollte man unbedingt genügend Zeit einplanen! Einige Abschnitte sind sehr eng und steil, aber

auch wegen der Feuchtigkeit, den Wurzeln und Felsen ist Vorsicht geboten. An besonders heiklen Streckenabschnitten wurden Seile in der Felswand verankert. Eine gute Grundkondition, Trittsicherheit und festes Schuhwerk sollte man mitbringen.

Brücke über die Ilse

Die Ilsefälle

Bis zu den Ilsefällen sind circa 250 Höhenmeter auf drei Kilometern zu überwinden. Die Natur hat hier eine Meisterleistung vollbracht, und da man die Ilsefälle ausschließlich zu Fuß erreichen kann, sind sie bis heute vom Massentourismus verschont geblieben. Immer wieder bieten sich den Besuchern imposante Blicke auf den Harzer Gebirgsbach. Besonderes attraktiv ist dieser Streckenabschnitt aufgrund der unzähligen kleinen, natürlichen Wasserfälle der Ilse auf dem Weg ins Tal hinunter. Man liest immer wieder von den unteren und oberen Ilsefällen, aber diese Teilung ist beim Anblick des Wasserfalls nicht einfach und daher eher willkürlich.

Im Hochsommer und bei Trockenheit fällt das rauschende Spektakel aufgrund des fehlenden Wassers eher

Öffnungszeiten: Die Wanderwege sind rund um die Uhr frei zugänglich.

Weitere Aktivitäten:

- Wanderung zum Gipfel des Brockens, etwa elf Kilometer auf dem Heinrich-Heine-Weg
- Rundwanderweg ca. 14 Kilometer über den Ilsestein, die Ilsefälle, Plessenburg und Paternosterklippe zurück nach Ilsenburg (Beschilderung folgen)
- Besuch im Erlebniswald: *erlebniswald-ilsetal.de*
- Besichtigung Kloster Ilsenburg: *kloster-ilsenburg.de*

dürftig aus, ist aber aufgrund der wildromantisch schönen Umgebung natürlich trotzdem einen Besuch wert.

Wer den Rückweg bequem gestalten möchte, folgt an der Brücke über die Ilsefälle dem breiten Forstweg nach unten und kehrt nicht auf den zuvor gegangenen Wanderpfad zurück. Nach der Wanderung lohnt sich die Einkehr in der rustikalen Nagelschmiede, ein Stück die Straße runter. Hier werden vorzügliche Speisen in tollem Ambiente serviert.

Info

Lage: Das Ilsetal liegt südlich von Ilsenburg; Waldhotel: Ilsetal 9, 38871 Ilsenburg

Anfahrt: Von Norden über A7 bis Abfahrt Rhüden (66), dann über B82 Goslar nach Bad Harzburg. Vor Bad Harzburg auf die A36/B6 Richtung Wernigerode bis Abfahrt Ilsenburg. Von Osten über die B81 bis Wernigerode, dann weiter über A36/B6 bis Ausfahrt Ilsenburg. In Ilsenburg der Ausschilderung Richtung Waldhotel am Ilsestein/Ilsetal folgen. Achtung: Am Waldhotel darf man nur als Übernachtungsgast parken!

Anreise mit Bahn und Bus: Vom Bahnhof in Ilsenburg ist es ein ca. 30-minütiger Fußmarsch durch die Stadtmitte. Die Buslinien halten auch direkt im Ilsetal. Als Übernachtungsgast kann man mit dem „HATIX" (Harzer Urlaubs Ticket) kostenfrei die Buslinien im Harzkreis benutzen; *hatix.in/de, ilsenburg-tourismus.de*

Website: *ilsenburg-tourismus.de/ilsenburg/ stadtinformationen/ilsetal.html*

HINWEISE:
- Der oben beschriebene Wanderpfad ist teils anspruchsvoll und nicht barrierefrei!
- Hunde sind an der Leine zu führen.

15 Kanada-Feeling

IM RUSTIKALEN HOLZHAUS MIT SAUNA

Romantischer Urlaub mit dem Partner oder Familientrip mit Kindern und Hunden: Diese Unterkunft ist ein echter Geheimtipp und auf den großen Buchungsportalen nicht zu finden.
Die tolle Lage bietet jede Menge Vorteile.

Das rustikale Wohnhaus

Der kleine Ort Drübeck liegt zwischen Ilsenburg und Wernige-rode und ist somit der ideale Ausgangspunkt für Aktivitäten aller Art im Harz. Abseits der bebauten Ortslage liegt am Waldrand, direkt an einer großen Wiese, das rustikale Holzhaus. Das High-light ist die eigene Sauna, die sich in einem Blockhaus neben dem Wohnhaus befindet. Schon allein der Anblick der riesigen Rundbalken lässt einen spontan an Kanada denken. Nein, es ist wirklich der Harz. Durch die besondere Lage im Wald lassen die ersten Tiere nicht lange auf sich warten. Tagsüber kommen viele Vögel, Eichhörnchen und Co. vorbei. Abends kann man von der Natursteinterrasse die Rehe und Hirsche auf der Wiese beim Grasen beobachten und so den Tag wunderbar ausklingen las-sen. Besonders im Herbst, wenn der Nebel über die Felder zieht, ist dies ein wunderschöner Anblick.

Wanderwege zu verschiedenen Zielen und in den Nationalpark Harz starten direkt vor der Haustür. Zwischen dem Ferienhaus, dem Nationalpark Harz und dem Brocken liegt keine einzige Ort-

Im Garten ist genug Platz für die Kinder

schaft oder Straße. Naturliebhaber und Ruhesuchende kommen hier also voll auf ihre Kosten.

Trotz dieser Abgeschiedenheit muss man hier auf nichts verzichten. Das Häuschen ist gut ausgestattet und bietet Platz für bis zu sechs Personen. Eine gemütliche Wohnküche, zwei Schlafzimmer und ein Badezimmer bieten jeglichen Komfort. Bei Kälte sorgt der Kaminofen mit loderndem Feuer für eine gemütliche Hüttenatmosphäre. Im Außenbereich gibt es zusätzlich einen hauseigenen Brunnen mit zünftiger Handpumpe und naturnahem Waschbecken. Terrassenmöbel, Außengrill sowie ein Sandkasten sind ebenfalls vorhanden. Hunde sind herzlich willkommen. Eine Parkmöglichkeit befindet sich direkt vor dem Haus. Für die Benutzung der Sauna sagt man dem Eigentümer Bescheid und dieser bereitet alles vor. Noch ein Highlight ist

Anfrage und Buchung: Familie Göhr, Tel. 039452 2341, *diegoehren@t-online.de*

Restaurant:
- Landhaus Tonmühle: Kutschweg 1a, 38871 Drübeck, *landhaus-tonmuehle.de*

Weitere Aktivitäten:
- Besichtigung Kloster Drübeck: *kloster-druebeck.de*

der Dachboden. Dieser ist von außen über eine Leiter erreichbar und kann zum Spielen oder auch zum Schlafen genutzt werden. Campingmatratzen und Schlafsäcke müssen mitgebracht werden, da dieser Bereich nicht beheizbar ist.

Im Ort selbst befindet sich eine Tankstelle; Einkaufsmöglichkeiten gibt es im etwa zwei Kilometer entfernten Ilsenburg. Kulinarische Köstlichkeiten bietet das nicht weit entfernte Landhaus Tonmühle.

Lage: Schützenweg 4, 38871 Ilsenburg-Drübeck

Anfahrt: auf der A36 Ausfahrt Ilsenburg. In Ilsenburg der Wernigeröder Straße, später Ilsenburger Straße Richtung Wernigerode folgen. Nach ca. 1, 5 Kilometern erreicht man Drübeck. Schräg gegenüber der Tankstelle in den Schützenweg einbiegen, das Schützenhaus links liegen lassen und der Straße bis zum Wald folgen. Das Ferienhaus befindet sich auf der rechten Seite.

Anreise mit Bahn und Bus: bis Bahnhof Ilsenburg oder Wernigerode; von dort mit dem Bus bis zur Bushaltestelle in Drübeck. Von hier ist es ein kurzer Fußmarsch bis zum Haus.

HINWEISE:

- Mindestaufenthalt drei Tage, Sonderregelung nach Absprache möglich
- Preis pro Nacht ab 50 EUR je nach Saison zzgl. Reinigungspauschale
- Bettwäsche und Handtücher sollten selbst mitgebracht werden, können gegen Absprache und Aufpreis zur Verfügung gestellt werden.
- Holz für den Kamin pro Schubkarre 5 EUR
- Saunabenutzung nach Absprache
- Die Unterkunft verfügt über keinen Internetanschluss!

16 Museumshof Silstedt

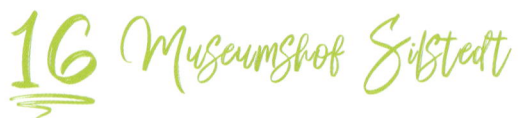

DÖRFLICHE UND LANDWIRTSCHAFTLICHE TRADITION UND LEBENSWEISE

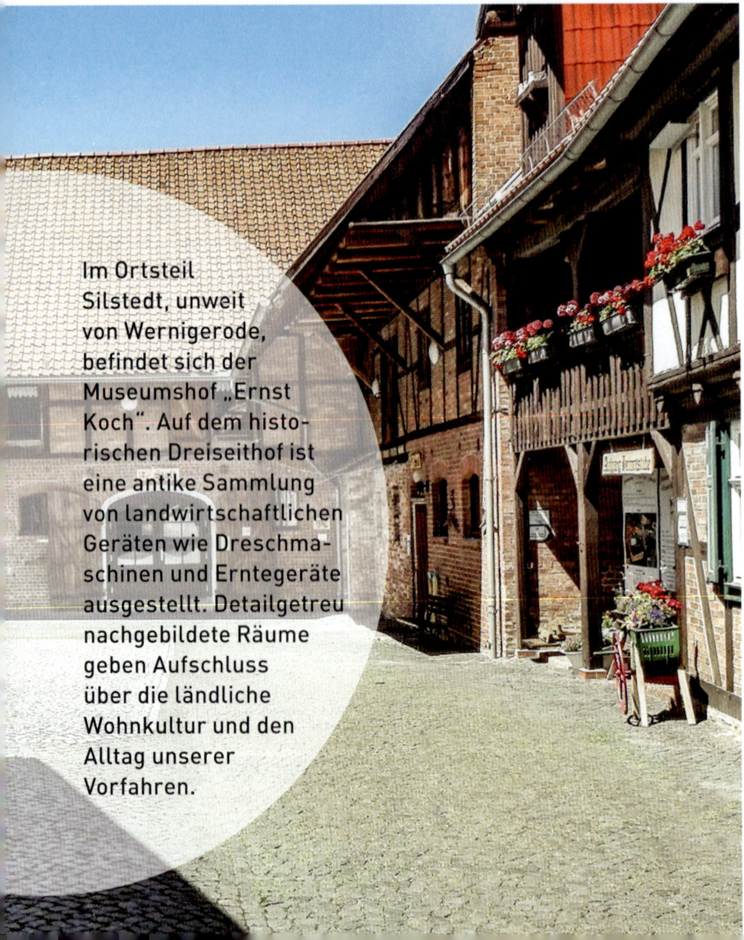

Im Ortsteil Silstedt, unweit von Wernigerode, befindet sich der Museumshof „Ernst Koch". Auf dem historischen Dreiseithof ist eine antike Sammlung von landwirtschaftlichen Geräten wie Dreschmaschinen und Erntegeräte ausgestellt. Detailgetreu nachgebildete Räume geben Aufschluss über die ländliche Wohnkultur und den Alltag unserer Vorfahren.

Im Rahmen der Fei-
erlichkeiten zum
1000–jährigen Jubi-
läum von Silstedt im
Jahr 1995 wurde mit
viel Engagement der
Stadt Wernigerode
und des gegründeten
Fördervereins die his-
torische, für den Harz
typische Hofanlage zu

In der Bauernstube

einem Museum der ländlichen Tradition und Kultur umgestaltet.
Der Dreiseitbauernhof aus dem Jahr 1652 ging durch etliche
Hände, bevor er 1994 von der Stadt Wernigerode – für die symbo-
lische eine Mark – erworben wurde.

Mittlerweile ist er Mittelpunkt der kleinen Ortschaft, und es finden
regelmäßig Veranstaltungen im Veranstaltungssaal „Kuhstall"
statt. Die Erhaltung und Gestaltung des landwirtschaftlichen und
denkmalgeschützen Anwesens erfolgt im Sinne der Bewahrung
dörflicher und landwirtschaftlicher Tradition und Lebensweise.

Ein Ausflug zu dem schönen Hof ist nicht nur für Landwirtschaft-
Interessierte ein Höhepunkt: Man macht eine kleine Zeitreise in

die Welt unserer Vorfahren.
Die umfangreiche Samm-
lung von Arbeitsgeräten und
Gebrauchsgegenständen des
täglichen Lebens macht klar,
wie schwer die Bewirtschaf-
tung damals war. Im Wohnhaus
wird die damalige Wohnkultur sehr gut widergespiegelt.
Die „gute Stube", Küche und
Schlafzimmer wurden original nachempfunden und ver-

Schulzimmer

Küche

mitteln eine warme und gemütliche Atmosphäre vom Wohnen und Leben in Großmutters Zeiten. Einen Eindruck in den Alltag der Kinder bekommt man im detailgetreu gestalteten Klassenzimmer. Diverse Informationsveranstaltungen und die Ausstellung zum Dorfhandwerk klären ausführlich über Brauchtum und Tradition auf.

Der Förderverein organisiert traditionelle Feste, unter anderem das Erntedankfest, Nikolaus- und Weihnachtsfest. Auch verschiedene Kulturveranstaltungen wie „Oppn Hoff" – Kultur auf dem Museumshof und Aufführungen von Theatergruppen –finden hier die passende Bühne. Zu diesen Anlässen wird der Hof besonders geschmückt und es finden Sonderausstellungen und Aktionen statt. Besonders gern besucht wird das Schaubuttern im über 100-jährigen Butterfass mit Verkostung.

Mit viel Sorgfalt und Liebe zum Detail wird hier am Hof die gute alte Zeit präsentiert. Die freundlichen Mitarbeiter geben wertvolle Hintergrundinformationen und runden den Besuch

Öffnungszeiten:
Donnerstag 14 bis 17 Uhr, Samstag 10 bis 12 Uhr oder nach Absprache. Im Januar und Februar ist samstags geschlossen. Führungen sind auch außerhalb der Öffnungszeiten möglich, Tel. 03943 22029
Eintritt: Erwachsene 1 EUR, Kinder 0,50 EUR
Unterkunft und Restaurant:
- Hotel Blocksberg: schöner Blick auf das Schloss Wernigerode, im Restaurant typische Harzgerichte aus regionaler Produktion; DZ ab 86 EUR; Harzstraße 53, 38855 Wernigerode-Silstedt, Tel. 03943 54710, *hotel-blocksberg.de*

auf dem harztypischen Gehöft ab. Führungen sind nach Absprache möglich. Der Besuch im Museum eignet sich für alle Altersgruppen. Ältere Menschen schwelgen in Erinnerungen und erzählen, inspiriert von den unzähligen Relikten ihrer Kindheit, über ihre Erlebnisse dieser Zeit. Für

Der Museumshof Silstedt

die Kleinen gibt es immer etwas zu sehen und entdecken, und sie können viel über das Leben unserer Ahnen lernen.

Info

Lage: Der Museumshof liegt zwischen Wernigerode und Derenburg an der L82; Am Plan 4a, 38855 Wernigerode/ OT Silstedt

Anfahrt: Von der A36, Abfahrt Wernigerode Zentrum/Derenburg weiter Richtung Derenburg auf der L82 bis Silstedt. Der Beschilderung Richtung Museumshof folgen.

Anreise mit Bahn und Bus: Mit der Bahn bis Bahnhof Wernigerode, dann weiter mit der Buslinie 231 bis Silstedt Haltestelle an der Kirche, von hier aus sind es ca. 120 Meter Fußweg bis zum Hof.

Website: *museum.de/museen/museumshof-ernst-koch*

HINWEIS:

- Der Innenhof des Museumshofes, Veranstaltungssaal und WC sind für Rollstühle befahrbar.
- Die Ausstellungsräume sind nur über Treppen erreichbar und leider nicht barrierefrei.

17 Harzplanetarium Wernigerode

ASTRONOMISCHER SPAZIERGANG

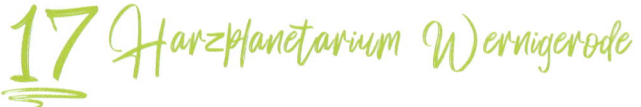

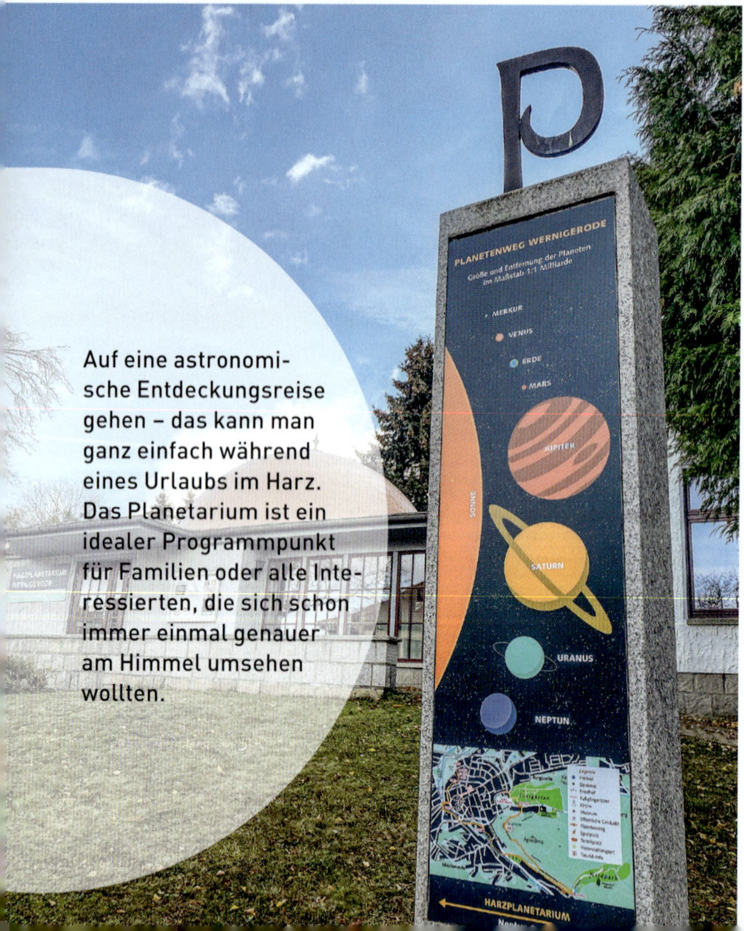

Auf eine astronomische Entdeckungsreise gehen – das kann man ganz einfach während eines Urlaubs im Harz. Das Planetarium ist ein idealer Programmpunkt für Familien oder alle Interessierten, die sich schon immer einmal genauer am Himmel umsehen wollten.

Das Harzplanetarium

Die Stadt Wernigerode betreibt seit 1972 das Harzplanetarium. Nicht nur Schulklassen können hier den Blick in ferne Galaxien wagen: Wer Lust auf einen Exkurs in die unendlichen Weiten des Alls hat, der kann sich jederzeit anmelden. Das Angebot umfasst diverse Experimente mit entsprechenden Erklärungen zur Entstehung der Wolken, den unterschiedlichen Mondphasen und das Einwirken auf unsere Erde sowie zum Sonnenverlauf. Regelmäßig finden auch öffentliche Veranstaltungen statt, die ohne Anmeldung besucht werden können. Das Herz des Planetariums ist der Projektor und die Steuerung des Teleskops im Kuppelraum.

Eine fantastische Möglichkeit, die Stadt Wernigerode und unser Sonnensystem zu erkunden, bietet ein astronomischer Spaziergang auf dem Planetenweg. Auf der etwa fünf Kilometer langen Tour durch die Stadt bekommt man einen tollen Einblick in die

Im Planetarium

weitläufigen Dimensionen unserer Galaxie. Alle Planetenmodelle wurden im Maßstab 1:1 Milliarde dargestellt und sind so über die Stadt verteilt, dass sie, ebenfalls im gleichen Maßstab, der Entfernung des jeweiligen Planeten von der Sonne entsprechen.

Startpunkt ist die große Sonne am Heltauer Platz. Das 140 Zentimeter große Modell ist nicht zu übersehen. Keine 100 Meter nach der Sonne gelangt man bereits zu Merkur in der Gustav-Petri-Straße. Weiter geht es Richtung Innenstadt. Gegenüber der Adolf-Diesterweg-Grundschule steht die beeindruckende Venus. Die Erde markiert den letzten astronomischen Punkt in der Gustav-Petri-Straße. Der rote Planet Mars, an der Sekundarschule, ist die nächste Station. Vorbei am Westerntorbahnhof der berühmten Harzer Schmalspurbahn und dem Modell von Jupiter gelangt man zu Saturn, direkt an der Promenade. Den siebten Planeten Uranus erreicht man über den Bohlenweg zum Christia-

Öffnungszeiten: unter *harzplanetarium.bildung-lsa.de/lernort-planetarium;* Kontakt/Anmeldung bei Dirk Kelch (Leiter des Planetariums), Tel. 0175 4476540, *harzplanetarium@ googlemail.com*
Eintritt Planetarium/Vorträge: Erwachsene 4 EUR, Kinder 2 EUR; individuelle Führungen nach Absprache. Bitte Geld passend mitbringen. Einlass ca. 20 Minuten vor Beginn des Vortrags. Einlass nach Beginn ist nicht möglich! Dauer der Vorträge ca. 60 Minuten

nental. Das Modell steht direkt am Ententeich des Wildparks. Die Wanderung führt weiter am wunderschönen Schloss vorbei. Unweit des Löwentors am Eingang des Lustgartens befindet sich der letzte Planet Neptun. Ein kurzer Weg führt durch den Lustgarten hindurch, wo das Planetarium den Endpunkt des Planetenwegs markiert.

Es ist eine ganz besondere Tour, die die Schönheiten der Stadt Wernigerode mit den astronomischen Highlights unseres Sonnensystems verbindet. Wer Zeit mitbringt, kann so gleich noch die Höhepunkte der Stadt wie das Rathaus oder das Schloss mit besichtigen.

Sonne am Planetenweg

Info

Lage: Walther-Rathenau-Straße 9, 38855 Wernigerode

Anfahrt: über die A36 nach Wernigerode; kostenpflichtige, öffentliche Parkplätze gibt es zahlreich in unmittelbarer Nähe, siehe Beschilderung.

Anreise mit Bahn und Bus: Vom Hauptbahnhof/Busbahnhof bis zum Planetarium ca. 15 Minuten Fußweg. Heltauer Platz ca. zehn Minuten Fußweg.

Website: *harzplanetarium.de*

18 Wanderung am Agnesberg

SPEKTAKULÄRER BLICK AUF SCHLOSS UND REGION

Wernigerode, die bunte Stadt im Harz, ist international bekannt und beliebt. Sehr viele Touristen drängen sich durch die Fachwerkgässchen und vor dem wunderschönen Rathaus. Wer etwas Ruhe und Einsamkeit sucht, findet das auch – direkt in der Stadt mit spektakulären Aussichten.

Aufstieg zum Gipfel

Nach einer Stadtbesichtigung, die bei jeder Harzreise Pflicht ist, sollte man sich unbedingt Zeit für ein absolutes Highlight neben den ausgetretenen Pfaden nehmen: die Wanderung auf den Agnesberg, der höchsten Erhebung im Waldgebiet, in direktem Anschluss an das Schloss. Hier bekommt man einen kleinen Einblick in die Harzer Natur und kann sich wunderbar erholen. Der steile Aufstieg wird belohnt – es bietet sich der beste Blick auf das Schloss und die Altstadt bis hin zum Brocken und das nordwestliche Harzvorland.

Verschiedene Wege führen auf den Gipfel des 395 Meter hohen Berges. Eine Möglichkeit ist der Aufstieg direkt vom Schloss aus, über den Amalienweg. Wenn der Schlossbesuch nicht auf dem Plan steht, dann empfiehlt sich die Wanderung ab dem Parkplatz im Christianental. Die Beschilderung am Waldrand weist die Richtung auf dem Annaweg. Dieser führt über etwa einen Kilometer stetig steil bergauf. Man lässt das Schloss links liegen und folgt

Harztypische Wegweiser

dem Pfad nach rechts durch den Wald. Achtung, große Wurzeln verstecken sich oft unter dem Laub, besonders im Herbst ist Vorsicht geboten. Oben angekommen kann man sich auf einer Holzbank ausruhen und den Ausblick an diesem wunderbaren Fleckchen Erde genießen.

Um zurück zum Parkplatz zu gelangen, folgt man den Schildern Richtung Annaweg, Gasthaus Christianental und Wildpark. Der gemütliche Waldweg wird von einem Querstieg oberhalb des Wildparks gekreuzt. Wenn man über den schmalen Pfad ins Tal wandert, kommt man direkt im Wildpark neben der Gaststätte an. Entlang der Gehege mit den Tieren sind es von hier aus ca. 300 Meter bis zum Parkplatz.

Ein Besuch im Wildpark in Kombination mit der Wanderung auf den Agnesberg bietet sich an. Hier hat man die Gelegenheit, harztypische Tiere in naturnahen Gehegen zu beobachten. Auch die Einkehr im Waldgasthaus ist empfehlenswert – das Essen schmeckt köstlich!

Für den Auf- und Abstieg sollte man sich mindestens eine Stunde Zeit nehmen. Der dichte Laubwald ist auch Lebensraum für verschiedene Tiere, also immer die Augen offenhalten!

Öffnungszeiten:
- Die Wanderwege sind jederzeit frei zugänglich.
- Der Wildpark ist ganztägig und ganzjährig geöffnet. Eintritt: 1 EUR

Unterkunft und Restaurant:
- Christianental: im Wildpark; leckere Hausmannskost und Harzer Gerichte; drei Appartements, zum Beispiel für zwei Personen ab 72 EUR; Christianental 43, 38855 Wernigerode, Tel. 03943 25171, *christianental-wernigerode.de*

Massive Wurzeln halten die Bäume am steilen Hang

Info

Lage: Das Christianental liegt am Ortsausgang von Wernigerode Richtung Elbingerode und ist über die B244 gut zu erreichen.

Anfahrt: mit der Buslinie 2 von Haltestelle Rendezvous im Zentrum bis Haltestelle Christianentalweg

Website Wildpark: *christianental.de*

HINWEISE:

- Wegen des steilen Aufstiegs ist eine gewisse Grundkondition erforderlich.
- Gute Schuhe aufgrund der großen Wurzeln und teils rutschigen Hängen sind nötig.
- Die Parkplätze im Christianental sind kostenlos.

Östlicher Nordharz

Die Sandsteinhöhlen in Blankenburg

Östlicher Nordharz

19 Glasmanufaktur Harzkristall

GLAS MIT ALLEN SINNEN ERLEBEN

Die Glasmanufaktur Harzkristall in Derenburg ist eine der letzten noch produzierenden Mundglashütten in ganz Deutschland. Das Glasblasen wurde als immaterielles Weltkulturerbe gelistet. Auf einer Erlebnisführung kann man das traditionelle Handwerk hautnah erleben und bekommt interessante Einblicke in die Geschichte der Glasmacherkunst sowie der Manufaktur selbst. Bei dem Blick hinter die Kulissen kommt man den Glasbläsern ganz nah, um sie bei ihrer schweißtreibenden Arbeit zu beobachten. Von der Besucherbühne aus spürt man schnell die sengende Hitze vom Schmelzofen im Gesicht – und das trotz des Sicherheitsabstands. Hochkonzentriert dreht der Glasbläser den Stab und bläst immer wieder hinein, um die 1300 Grad heiße Glasmasse am anderen Ende in Form zu bringen. Alles muss ganz schnell gehen.

In der Glasmanufaktur erwartet die Besucher ein gekonntes Zusammenspiel von Erlebnis, Abenteuer, Erholung, Spaß, kulinarischem Genuss und traditionellem Kunsthandwerk. Die ganzjährige Weihnachtswelt sowie verschiedene Kreativ-Veranstaltungen runden das weitläufige Angebot ab. Kinder finden hier den wohl schönsten Abenteuerspielplatz der Region.

Ein absolutes Highlight bei dem Erlebnisrundgang ist Küttners Kugel, der größte detailgetreue Globus der Welt. Die Skulptur wurde 1968 durch den Kunsthandwerker Manfred Küttner entworfen; der Bau in Wernigerode dauerte rund 20 Jahre.

Die Weltkugel hat einen Durchmesser von 1,28 Meter und wiegt 500 Kilogramm. Sie besteht aus 580 Kupferplatten, die mit einer Glas-Email (Glasschmelzschicht) überzogen wurden. Nachdem der Globus zu Ausstellungen durch die ganze Welt gereist ist, hat er nun seinen finalen Standpunkt in seiner Heimat gefunden.

Gläserner Globus

Herausragend ist das Angebot der Kreativangebote. Hier werden die Besucher selbst zum Glaskünstler. Man kann seine eigene Glaskugel blasen, ein Trinkglas anfertigen, seine Hande in Glas gießen und sogar einen umfassenden Glasmacher-Workshop besuchen.

Beim Kugelblasen

Die große Einkaufswelt bietet Glasgegenstände des alltäglichen Bedarfs sowie wahre Kunstwerke. Von Glasschmuck über Glastiere, exklusive Glasvasen und Lampenschirme bis hin zur Outdoordeko. Hier findet jeder Besucher ein tolles Andenken an den Urlaub im Harz. Die Glaskünstler gravieren gerne die erworbenen Sachen mit dem Wunschmotiv. Die Weihnachtswelt erfreut sich besonders großer Beliebtheit.

Filigrane Glaskunst

Blick auf die Glasmanufaktur

Im angeschlossenen Restaurant und Café werden vorzügliche Gerichte serviert. Eine breite Auswahl an handgemachten Torten und Kuchen sowie Eis schmecken auf der großen Sonnenterrasse. Im wunderschön angelegten Hüttengarten findet man eine Vielzahl von Pflanzen und Kräutern. Große Wiesenflächen an der Holtemme, ein kleiner Fluss, der durch das Gelände der Manufaktur fließt, laden zum Picknick und Verweilen ein. Vom weitläufigen Gelände eröffnet sich immer wieder ein toller Blick auf den Brocken. Für Kinder ist die Glasmanufaktur das reinste Abenteuer. Ein großer Spielplatz mit Hüpfblase, Slackline und vielen anderen Kletter- und Spielmöglichkeiten machen Kinderträume wahr. Auch finden regelmäßig bunte Events mit vielen bekannten Künstlern und Aktionen statt.

Öffnungszeiten:
täglich 9:30 bis 17:30 Uhr, geschlossen Heiligabend, Neujahr, Karfreitag, Totensonntag, 1. Weihnachtsfeiertag
Eintritt: Der Besuch der Glasmanufaktur ist kostenlos. Erlebnisführung Erwachsene 7,50 EUR, Schüler, Studenten, Handicap 5 EUR, Kinder bis 6 Jahre kostenlos, 6 bis 15 Jahre 4 EUR, Familienkarte (2 Erwachsene und ihre Kinder) 16 EUR

Die Glasmanufaktur in Derenburg wird seit 1949 für die Glasmacherkunst genutzt. Sie ist die nördlichste Glashütte Deutschlands und die einzige in Sachsen-Anhalt. Seit 2013 ist sie Teil einer Stiftung, zu der auch die Elias Farbglashütte in Lauscha gehört. Zweck dieser Stiftung ist der Erhalt und die Förderung der traditionellen Glasmacherkunst. Erwähnenswert: Die Glasmanufaktur Harzkristall ist seit 2007 Netzwerkpartner des 18. Europäischen Geoparks Harz.Braunschweiger Land.Ostfalen.

Lage: Die Glasmanufaktur liegt im kleinen Ortsteil Derenburg von Blankenburg, eingebettet in weitläufige Wiesen und Felder zwischen Wernigerode und Halberstadt; Im Freien Felde 5, 38895 Blankenburg OT Derenburg

Anfahrt:
- Über die A36 (ehemals B6N), Abfahrt Wernigerode Zentrum in Richtung Silstedt/L82. Die Glasmanufaktur ist ausgeschildert. Die Manufaktur liegt etwa zwei Kilometer nach dem Ort Silstedt auf der linken Seite.
- Bei Anreise durch Derenburg: in Derenburg Richtung Silstedt/Wernigerode auf der L82. Die Glasmanufaktur liegt etwa einen Kilometer hinter dem Ortsausgang auf der rechten Seite.

Anreise mit dem Bus: Die Glashaltestelle heißt Glasmanufaktur Harzkristall. Die Linien 232 halten alle 60 Minuten; *hvb-harz.de*

Anreise mit dem Fahrrad: Direkt hinter dem Gelände führt die Fahrradroute R1 Euroroute an der Holtemme entlang. Auf dem Gelände sind ausreichend Fahrradparkplätze vorhanden.

Weitere Aktivitäten:
- Naturlehrpfad Holtemme
- Eselfarm „Eselwerk" Derenburg: *eselwerk.de*

Website: *harzkristall.de*

HINWEISE:
- barrierefrei; Rollstuhl und Rollatoren sind als kostenlose Leihgabe am Eingang erhältlich.
- Hunde willkommen
- Alle Parkplätze auf dem Gelände sind kostenfrei.
- Der Eintritt zu den Events ist kostenfrei!

20 Höhlenwohnungen

IN LANGENSTEIN

Im malerischen Dorf Langenstein, unweit von Halberstadt, befinden sich ungewöhnliche Hobbit-Behausungen. Sie sind ein einzigartiges Zeugnis früherer Wohnkultur in Deutschland. Bis zum Anfang des 20. Jahrhunderts lebten hier noch einige Familien.

In der Höhlenstraße am Schäferberg in Langenstein befinden sich die kleinen Felsvillen. Junge Landarbeiter bearbeiteten von 1855 bis 1858 den weichen Sandstein mit Hammer und Meißel, um ein Dach über dem Kopf zu haben. Alle Wohnungen verfügen über Wohnzimmer, Schlafstube

Wohnidylle

und Kinderschlafstätte sowie einen Vorratsraum. Zwischen 1900 und 1910 verließen die meisten Bewohner die Felsenvillen, um in Häuser umzusiedeln. Fortan benutzte man die Höhlen als Stallungen oder Vorratskeller.

Weitere Höhlen befinden sich auf der Altenburg. Wann genau die ersten Wohnungen in den Felsen des „Langen Steines" der Altenburg geschlagen wurden, ist in den Tiefen der Geschichte versunken. Aufzeichnungen zufolge baute Bischof Ulrich von Halberstadt im Jahr 1177 eine Burg als Sommerresidenz auf. Als diese aufgegeben wurde, baute man zwei Höhlen zu Wohnungen aus. Der letzte Höhlenbewohner verließ seine Wohnhöhle, Nummer 11, im Jahr 1916.

Fast surreal wirken die in den weichen Sandstein geschlagenen Wohnhöhlen. Man denkt sofort an Zwerge, Trolle, Einhörner und vor allem Hobbits. Auch kleine Menschen müssen sich hier bücken, um durch die Eingangstür zu passen. Dicke Holztüren in der Felswand und kleine Sprossenfenster mit Gardinen, ein winziger Garten mit Küchenkräutern und einigen Blumen – und

Vorsicht mit dem Kopf!

im Inneren findet man liebevoll gestaltete Wohnräume vor. Einrichtungs- und Gebrauchsgegenstände aus früheren Zeiten, historische Bilder, Spielsachen, Werkzeuge und sogar ein Toilettenstuhl sind erhalten. Alles ist, bis ins kleinste Detail, nachempfunden. Man kann sich gut vorstellen, wie es früher war, wenn die Familie sich am Tisch zum Essen versammelte.

Die Räume wiesen eine einheitliche Temperatur von 15 Grad auf, was im Sommer angenehm kühl war, aber im Winter sehr kalt. Runde Kamine wurden in den Stein geschlagen, darunter wurde Feuer gemacht und auch als Kochstelle genutzt. In manchen Wohnungen gab es noch zusätzliche Heizstellen. Wer die außergewöhnliche Atmosphäre länger genießen möchte oder ein Picknick machen will, dem stehen dafür einige Holzsitzgruppen zur Verfügung.

Öffnungszeiten: täglich 9 bis 17 Uhr; Termine für individuelle Rundgänge: Siegfried Schwalbe, Tel. 03941 602108, schwalbe-*langenstein@gmx.de*
Eintritt: kostenlos; um Spenden wird gebeten.
Weitere Aktivitäten: Überreste der Burganlage, Barockschloss und Landschaftspark sowie eine Gedenkstätte auf dem Gelände einer nahegelegenen Zweigstelle des ehemaligen Konzentrationslagers Buchenwald sind eine Besichtigung wert.

Im Verein Langensteiner Höhlenwohnungen e. V. engagieren sich viele fleißige Helfer, die es sich zur Aufgabe gemacht haben, diese wunderbaren Wohnungen zu erhalten und auch für die Öffentlichkeit zugänglich zu machen. Vor fast 30 Jahren wurden die Höhlen, die größtenteils mit Schutt befüllt waren, frei geräumt und saniert.

Fünf der Höhlen und ein kleines Heimatmuseum können heute besichtigt werden. Auch gibt es die Möglichkeit eines geführten Rundgangs, was sehr zu empfehlen ist. Doris und Siegfried Schwalbe sind die guten Höhlengeister. Die meisten Einrichtungsgegenstände stammen aus ihrem Familienbesitz. Bei einer etwa einstündigen Tour wird alles genau erläutert. Spannende Geschichten werden so erzählt, wie sie nur ein Zeitzeuge wiedergeben kann.

Überraschend ist die Tatsache, dass es sich bei dieser tollen Sehenswürdigkeit um einen echten Geheimtipp handelt. Andernorts hätte man hier sicherlich alles touristisch erschlossen und groß aufgezogen. Für die Langensteiner Höhlenwohnungen gibt es keinen großen Internetauftritt oder andere Werbemaßnahmen. In den Höhlen selbst liegen Flyer zur Mitnahme aus.

Lage: Langenstein liegt an der B81, etwa sechs Kilometer südlich von Halberstadt in Richtung Wernigerode; Schäferberg 23, 38895 Lagenstein

Anfahrt: Von Halberstadt kommend Richtung Blankenburg/Wernigerode auf der B81. Beschilderung Richtung Langenstein/Höhlenwohnungen folgen; kostenlose Parkplätze entlang der Straße

Anreise mit dem Bus: Buslinie 231 Wernigerode über Derenburg nach Halberstadt und zurück; *hvb-harz.de*

Website: *halberstadt.de/de/hoehlenwohnungen-langenstein/ die-hoehlenwohnungen-von-langenstein.html*

HINWEISE:
- Nicht barrierefrei!
- Die Besichtigung mit Führung wird empfohlen. Einen Termin, auch spontan, kann man unkompliziert vereinbaren.

HÖHLENABENTEUER FÜR DIE GANZE FAMILIE

Die mystischen Sandsteinhöhlen liegen am Fuß eines mächtigen Felsmassivs und der Burg Regenstein, einem Wahrzeichen der Stadt Blankenburg – gut versteckt inmitten eines alten Kiefernwaldes und somit ein echter Geheimtipp.

Das für den Harz untypische, mit Kiefern bewachsene Waldgebiet Heers eignet sich perfekt für eine kleine Entdeckungsreise für die ganze Familie. Der Name „Heers" geht vermutlich auf die alte Handels- und Heerstraße von Blankenburg zurück.

Mitten im dicht bewaldeten Gebiet erheben sich auf einer großen, sandbedeckten Lichtung die mystischen Gebilde aus Sandstein – skurrile Felsformationen und Höhlen, umgeben von riesigen, duftenden Kiefern und Moos bedecktem Unterholz. Ein magischer Ort, der die Besucher sofort in seinen Bann zieht. Kein Wunder, dass bereits die Germanen hier rituelle Versammlungen abhielten. Einigen Geschichten zufolge diente der in der Mitte stehende Dedingstein als Kanzel, Altar oder sogar Opferplatz. Beweise für Letzteres gibt es jedoch nicht.

Von den Einheimischen wird der Ort als „Sandhutsche" bezeichnet. Bis ins 19. Jahrhundert wurde hier Quarzsand abgebaut. Heute ist das geschützte Naturdenkmal ein beliebter, wenn auch nicht sehr bekannter Ort für Wanderer und Naturfreunde. Es gibt genügend Platz, um die Picknickdecke auszubreiten oder um einfach nur die besondere Atmosphäre zu genießen. Kleine und große Höhlenforscher kommen hier voll auf ihre Kosten. Taschenlampe nicht vergessen! Kinder sind begeistert von dem überdimensionalen Sandkasten und Abenteuerspielplatz.

Der kostenlose Parkplatz direkt an der Festung Regenstein ist Startpunkt von zwei Rundwanderwegen. Beide starten in Richtung Regensteinmühle, ein erstes Etappenziel auf der Wanderung. Um den Besuchern einen Einblick zu geben, was die Menschen hier bereits im 12. Jahrhundert geleistet haben, wurde der Wassergraben und die großen Wasserräder der Kornmühle nachgebildet.

Für die große Tour mit circa elf Kilometern Wegstrecke, sollte man mindestens drei Stunden einplanen. Durch den Kiefernwald geht es am Pastorenstein bis zum Bahnhof in Börnecke.

Bei den Sandsteinhöhlen

Von hier aus hat man einen fantastischen Blick über das Harzvorland, jedoch zieht sich die Strecke etwas. Erst nach acht Kilometern erreicht man die großen Sandsteinhöhlen. Um einen Blick auf die kleinen Höhlen zu werfen, sollte man zusätzlich einen Abstecher von einem Kilometer einplanen. Favorit ist die kleine Wanderrunde mit rund fünf Kilometern. Vom Parkplatz aus folgt man dem Wanderweg 7; vorbei an den kleinen Höhlen gelangt man nach kurzer Zeit zu den großen Sandsteinhöhlen. Beide Wanderrouten führen über einen steilen Anstieg zurück zum Parkplatz. Die Besichtigung der Festungsanlage und Burgruine Regenstein lohnt sich in jedem Fall.

Öffnungszeiten:
- Die Höhlen sind zu jederzeit und kostenlos begehbar.
- Burg und Festung Regenstein: April bis Oktober täglich 10 bis 18 Uhr, November bis März Mittwoch bis Sonntag 10 bis 16 Uhr; Erwachsene 3 EUR, Kinder ab 6 Jahren 1,50 EUR; *blankenburg.de/tourismus/kultur/burg-festung-regenstein*

Wer lediglich die Höhlen auf dem schnellsten Weg erreichen möchte, der startet am besten unweit von Jogys Waldkneipe an der alten Halberstädter Straße, zu einem ungefähr 30-minütigen Spaziergang durch den Wald. Vor der Gasstätte links der Beschilderung folgen. Parkmöglichkeiten gibt es direkt an der Gasstätte oder am Ende der Straße am Waldrand, was zu empfehlen ist. Der sandige Weg führt ein Stück entlang am militärischen Schutzgebiet, schräg und von

Wurzeln durchzogen. Für Kinderwagen und Rollstuhl leider nicht geeignet. Wen nach der Besichtigung der Hunger plagt, kann sich in Jogys Waldkneipe satt essen.

Egal, für welche Route man sich entscheidet, die Sandhöhlen im Heers sind eine geologische Rarität im Harz und bieten eine beeindruckende Kulisse am Fuße der Burgruine Regenstein. Die Ursprünglichkeit der Natur versprüht hier ihre Energie auf ganz besondere Weise.

Lage: Kostenloser Parkplatz der Burgruine Regenstein: Am Platenberg, 38889 Blankenburg. Jogys Wald- kneipe: Alte Halberstädter Straße 19c, 38889 Blankenburg

Anfahrt: Über die A36 von Wernigerode Richtung Quedlin- burg, Ausfahrt Blankenburg. Über die Autobahnbrücke geht es rechts zum Parkplatz.

Weitere Aktivitäten:
- Schlossgärten Blankenburg: *blankenburg.de/tourismus/ kultur/schlossensemble/barocke-schlossgaerten*
- Teufelsmauer: *blankenburg.de/tourismus/natur/ teufelsmaue*
- Walderlebnispfad Heimburg: *blankenburg.de/tourismus/ natur/walderlebnispfad*
- Ausflug zu den Rübeländer Tropfsteinhöhlen: *harzer- hoehlen.de*

Website: *blankenburg.de/tourismus/natur/sandsteinhoehlen*

HINWEISE:
- Es gibt keine Mülleimer oder WC bei den Höhlen.
- Die Wege sind auch für Wanderanfänger geeignet ohne große Grundkondition. Einige Wurzeln und etwas Sand machen die Wege stellenweise etwas schwierig, dies stellt aber keine großen Probleme dar.

22 Hamburger Wappen

MARKANTES FELSGEBILDE DER TEUFELSMAUER

Obwohl die Bezeichnung Hamburger Wappen mittlerweile auch offiziell verwendet wird, ist der eigentliche Name der Felsen Drei Zinnen. Nicht nur die Felsformation allein, sondern auch der Blick weit hinein in das nördliche Harzvorland ist atemberaubend. Die Sandsteinfelsen haben eine Höhe von rund 40 Metern und erheben sich somit insgesamt ungefähr 90 Meter über das Umland. Unterhalb des Wappens gibt es einige Höhlen zu erkunden und natürlich auch noch weitere interessante Abschnitte der Teufelsmauer in direkter Umgebung. Auch geologisch sind die Sandsteinformationen sehr interessant. Die einzigartige Schichtrippenlandschaft entstand vor rund 85 Millionen Jahren durch Ablagerung in den Meeren, als die Dinosaurier noch die Welt bevölkerten.

Am Ortsrand von Timmenrode, einem Ortsteil von Blankenburg, befindet sich diese eindrucksvolle Klippenformation als Teil der Teufelsmauer. Das Naturdenkmal weist drei unverwechselbare Felsnadeln auf, die sofort an das Hamburger Wappen und dessen drei Türme denken lässt.

Verschiedene Wanderungen führen zu dem fantastischen Naturdenkmal. Die einfachste und schnellste Möglichkeit ist die etwa einen Kilometer lange Wanderung direkt ab dem kostenlosen Parkplatz am Sportplatz in Timmenrode. Der gut begehbare Weg führt entlang einer kleinen Obstplantage und dann mit einer leichten Steigung hinauf bis zur Teufelsmauer.

Hamburger Wappen mit Blick ins Harzvorland

Eine tolle Rundwanderung von ungefähr acht Kilometern Länge startet am Aussichtspunkt Großvaterfelsen und dem gleichnamigen Restaurant, am Ortsrand von Blankenburg gelegen. Der Großvater bildet zusammen mit der Großmutter den westlichsten Punkt der Teufelsmauer und ist mit einer Höhe von 318 Metern eine der höchsten Erhebungen. Mit etwas Geschick und Mut kann der Felsen bestiegen werden. Rechter Hand neben dem Felsmassiv startet der Löbbeckestieg in Richtung Hamburger Wappen. Der Kammweg wurde bereits 1853 angelegt und schlängelt sich entlang weiterer Formationen der Teufelsmauer teils durch enge Felsspalten, über Stock und Stein, was eine gewisse Trittsicherheit voraussetzt. Vorbei an der Hohen Sonne, dem Teufelskessel, dem Schweinekopf, der Zwergenhöhle und dem Ludwigsfelsen, der in seinem

Beeindruckende Felsformationen

Unterwegs am Teufels-mauerstieg

Profil an Ludwig XVIII. Erinnert, führt der Weg bis zum Hamburger Wappen. Ungefähr in der Mitte der Teufelsmauer befindet sich der sogenannte Sautrog, ein Pass, der die Mauer teilt. Ganz in der Nähe befindet sich die Gewittergrotte und der Fuchsbau, ein künstlich begehbarer Felskeller. Die mittelalterliche Wehranlage Kucksburg befindet sich am östlichen Ende der Blankenburger Teufelsmauer.

Während der teils anspruchsvollen Wanderung über Klippen und entlang der faszinierenden Sandsteingebilde kann man immer wieder tolle Blicke auf das nördliche Harzvorland, die Harzberge und das Große Schloss in Blankenburg genießen. Der bekannte Klosterwanderweg (73 Kilometer) führt auf der Etappe von Thale nach Wernigerode (20 Kilometer) ebenfalls am Hamburger Wappen vorbei.

Neben der Gaststätte am Großvaterfelsen gibt es noch weitere Einkehrmöglichkeiten. Der Gasthof Zur Teufelsmauer in Timmenrode und die Ausflugsgaststätte Helsunger Krug servieren gut bürgerliche Küche zu günstigen Preisen. Der Helsunger Krug liegt idyllisch im Landschaftsschutzgebiet und bietet neben leckeren Speisen auch Übernachtungsmöglichkeiten an. Besonders schön sind

Öffnungszeiten:
Die Wanderwege sind jederzeit frei zugänglich.
Weitere Aktivitäten:
- Biologisches Freibad „Am Thie": *blankenburg.de/meine-stadt/sport-freizeit/freibaeder/freibad-am-thie*
- Barocke Schlossgärten Blankenburg: *blankenburg.de/tourismus/kultur/schlossensemble/barocke-schlossgaerten*
- Kletterwald Blankenburg: *kletterwald-blankenburg.de*

der Naturbiergarten und das Gartenrestaurant. Am Hamburger Wappen selbst gibt es genug Platz, um ein Picknick mit reizvollem Ausblick zu genießen oder auf einer der aufgestellten Holzbänke zu verweilen.

Blick vom Hamburger Wappen

Ein Besuch zum Sonnenuntergang ist besonders lohnenswert, dann wird das Naturdenkmal in wunderschönes Licht getaucht.

 *Info*

Lage: Timmenrode ist ein Ortsteil von Blankenburg und liegt etwa einen Kilometer südöstlich der Stadt; Sportplatz, 06502 Timmenrode

Anfahrt:
- Sportplatz Timmenrode: von Blankenburg aus Richtung Timmenrode und der dort der Beschilderung Richtung Sportplatz und Teufelsmauer folgen. Der Parkplatz ist kostenfrei.
- Großvaterfelsen: beste Parkmöglichkeit ist der Besucherparkplatz (kostenpflichtig) der Stadt Blankenburg (Beschilderung folgen) am Kleinen Schloss. Von dort überquert man die Hasselfelder Straße (B81) über den Großvaterweg und gelangt so zum Großvaterfelsen.

Website: *blankenburg.de/tourismus/natur/teufelsmauer*

HINWEISE:
- Gutes Schuhwerk und ein gewisses Maß an Trittsicherheit ist für die längeren Wanderungen notwendig.
- Der kurze Weg ab Sportplatz Timmenrode ist auch für Kinderwagen kein Problem. Rollstuhlfahrer brauchen aufgrund der Steigung unbedingt eine Begleitperson.

MUSEUM DER ALTEN ZÜNFTE

In Blankenburg befindet sich die einzige historische Gesellenherberge in Deutschland, die nun als Museum die Tradition der Handwerker am Leben erhält. Schriftstücke, Bilder und andere Relikte geben Einblick in die traditionellen Gesellenzünfte.

Das denkmalgeschützte Fachwerkhaus aus dem Jahr 1684 könnte sicher jede Menge erzählen. Von 1884 bis 1916 wurde hier eine Gesellenherberge für Handwerker aus allen Gewerken betrieben. Der berühmteste Gast war Wilhelm Pieck, der von 1894 bis 1895 hier wohnte. Damals arbeitete der spätere und einzige Präsident der DDR als Tischler in Blankenburg. Ihm zu Ehren wurde ein Logierzimmer im Museum eingerichtet.

Fast übersieht man den Eingang zum Museum.

Übernachten kann man hier leider nicht mehr, aber ein Besuch lohnt in jedem Fall. Die unzähligen Ausstellungsstücke sind über zwei Etagen verteilt und stellen die Jahrhunderte alte Tradition der Walz und das Leben der Tippelbrüder sehr anschaulich dar. Auch heute noch trifft man immer wieder einige Gesellen, die durch das Land wandern und ihre Dienste anbieten. Gut, dass ein traditionelles Brauchtum auch heute noch lebendig gehalten wird. Das Museum trägt, in Zusammenarbeit mit den deutschen Reisezünften sowie der Dachorganisation der europäischen Gesellenzünfte, enorm dazu bei.

In der Waschküche

Bereits seit 1992 findet hier jedes dritte Septemberwochenende das Gesellentreffen mit einheimischen und

Gemütlich eingerichtete Gaststube

fremden Gesellen statt. Bilder im Eingangsbereich dokumentieren diese gut besuchten Treffen. Alle Wände sind übersät mit alten Bildern, Urkunden, Gesellenbriefen, Werkzeugen, Skizzen und Holztafeln.

Jeder der so liebevoll bis ins Detail gestalteten Räume gibt Einblick in den Alltag der Gesellen. Einige lebensgroße Puppen, mit original getragener Kleidung, stellen Szenen des Lebens in der Herberge nach. Man kann sich lebhaft vorstellen, wie zünftig es hier früher zuging. In der Bibliothek lagern viele wertvolle Bücher und Schriften sowie die Handbibliothek eines Handwerkers. Die Toiletten im Innenhof, der Waschraum sowie die anschließende Küche spiegeln das Herbergsmilieu sehr gut wider. Das Herzstück ist das große Herbergslokal mit der historischen Theke. Besonders interessant sind auch die ausgestellten Fundstücke im Eingangsbereich, die

Öffnungszeiten:
Montag bis
Freitag 10 bis
17 Uhr. Führungen
auch außerhalb der
Öffnungszeiten bitte
vorab vereinbaren,
Tel. 03944 365007,
*herbergsmuseum@
web.de*
Eintritt: 2 EUR

während der Renovierung des Hauses zu Tage kamen.

Der Herbergsvater führt auf Wunsch gerne durch das Museum und gibt viele interessante Informationen zu seinen gesammelten Stücken und klärt auf über das traditionelle Brauchtum. Natürlich kann man das Museum auch auf eigene Faust erkunden. Das Museum stellt in Deutschland eine Einmaligkeit dar, und ein Besuch ist aufgrund der sehr interessanten Exponate lohnenswert.

Hinterhof mit Toilettenhäuschen

Info

Lage: Die Historische Gesellenherberge Herbergsmuseum liegt in der ehemaligen Welfenstadt Blankenburg in einer Gasse unterhalb des Schlosses; Bergstraße 15, 38889 Blankenburg

Anfahrt: Über die Nordharzautobahn A36 erreichen Sie Blankenburg (Harz) am schnellsten. Sie verbindet die A2 bei Braunschweig und die A14 bei Bernburg durch eine 94 Kilometer lange Strecke. Am besten eignet sich der öffentliche, kostenpflichtige Parkplatz am Schnappelberg direkt am Schlosshotel. Weiterhin stehen ausreichend öffentliche Parkplätze in der Stadt zur Verfügung. (Beschilderung folgen). Von hier aus erreicht man das Museum nach fünf Minuten Fußmarsch.

Anreise mit der Bahn: Bis Bahnhof Blankenburg von hier etwa ein Kilometer Fußweg.

Website: *blankenburg.de/tourismus/kultur/herbergsmuseum*

HINWEIS: Das Museum ist nicht barrierefrei.

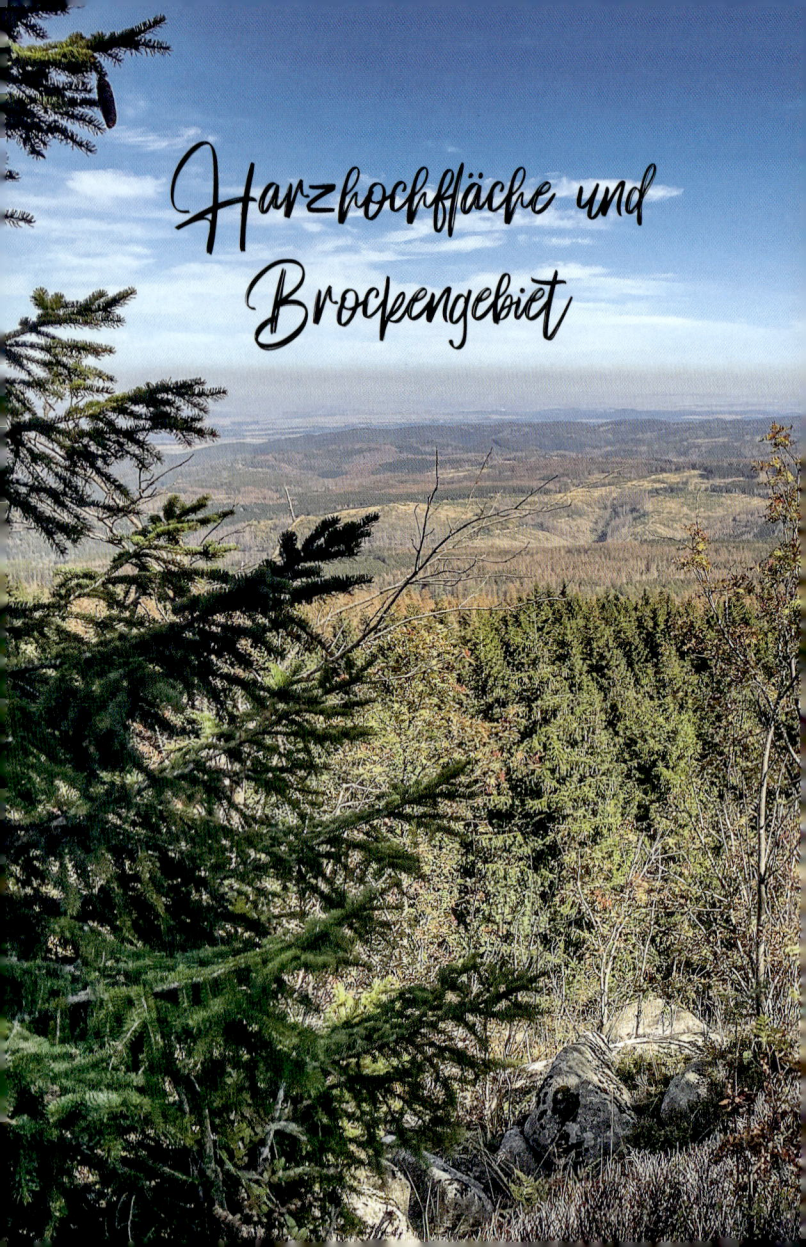

Harzhochfläche und Brockengebiet

Auf der Wanderung zu den Leistenklippen

Harzhochfläche und Brockengebiet

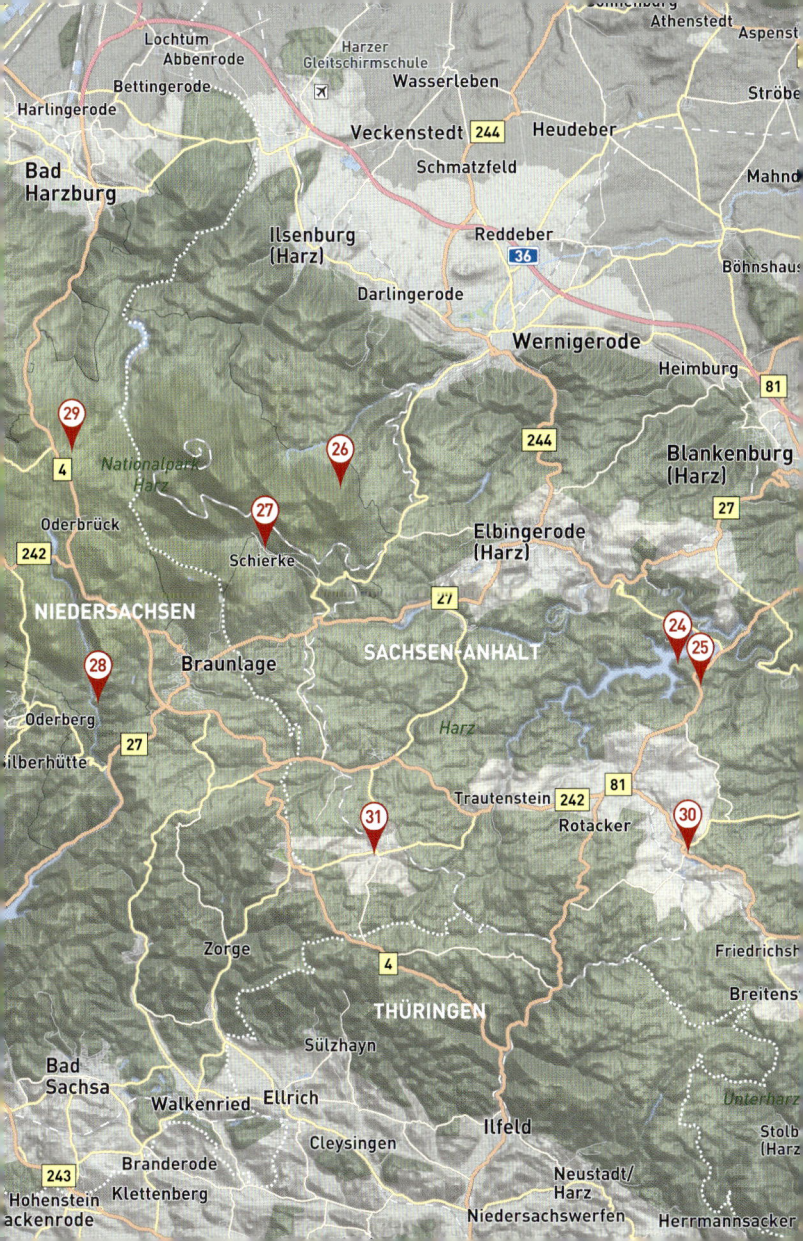

24 Wanderung zum Rotestein

BLICK ÜBER DEN FJORD DES HARZES

Der Aussichtspunkt Rotestein im Oberharz bietet eine spektakuläre Weitsicht über den Rappbodestausee, der an einen Fjord im Norden erinnert. Bei gutem Wetter kann man bis zum Brockengipfel schauen.

Eine wahre Perle von Aussichtspunkt liegt zwischen Blankenburg und Hasselfelde im Oberharz. Bester Ausgangspunkt für die etwa zwei Kilometer lange Wanderung ist der Parkplatz an der Harzköhlerei Stemberghaus. Hier überquert man die Bundesstraße (B81) und folgt der Beschilderung Richtung Rotestein. Anfangs

Tierischer Begleiter

geht es leicht bergab, was bei Nässe etwas Vorsicht erfordert. Nach etwa 250 Metern, an der großen Eiche, biegt man links ab und folgt diesem Weg bis zum Ziel.

Der Weg führt durch einen wunderbaren Laubwald, vorbei an einigen Felsbrocken, die besonders kletterfreudige Kinder anlocken. Bis auf leichte Steigungen ist der Weg einfach und auch für

Auf dem Wanderweg

Traumhafter Panoramablick

Wanderer, die nicht ganz so gut zu Fuß sind, geeignet. Nach etwa 40 Minuten erreicht man den 503 Meter hohen Rotestein.

Von der natursteingemauerten Aussichtsplattform hat man einen unbeschreiblichen Fernblick über das schimmernde Wasser des riesigen Sees und die gesamt Umgebung. Fast könnte man denken, man stehe in Norwegen oder Island und blicke über einen Fjord. Allerdings würde man dort nicht den Brocken in der Ferne sehen, vorausgesetzt das Wetter und die Fernsicht lassen dies zu. Der Rappbodestausee ist acht Kilometer lang und hat eine Fläche von rund vier Quadratkilometern. Die Wassermenge beträgt bis zu 109 Millionen Kubikmeter. Angestaut wird der See durch die größte Talsperre im Harz. Mit ihrer 415 Meter Länge und 106 Metern Höhe ist die Staumauer die höchste in ganz Deutschland. Ein Besuch des gigantischen Bauwerks sollte man nicht verpassen.

Öffnungszeiten:
Parkplatz und Wanderwege sind rund um die Uhr geöffnet.
Eintritt:
kostenlos

Die Wanderung ist ein Genuss für Ruhesuchende trotz der Nähe zur gut befahrenen Bundesstraße. Vom Rotestein aus besteht die Möglichkeit die Wandertour zu verlängern und über einen Teil des Harzer-Hexen-Stiegs zurück zum Parkplatz zu laufen. Gutes Schuhwerk ist auf den teils steinigen Abschnitten sehr zu empfehlen.

Botanische Vielfalt am Wegesrand

Lage: Der Parkplatz Stemberghaus liegt direkt an der B81 zwischen Blankenburg und Hasselfelde.

Anfahrt: Von Blankenburg etwa 15 Kilometer über die B81 fahren.

Anreise mit dem Bus: Linie 263 zwischen Blankenburg und Trautenstein. Der Bus hält direkt am Stemberghaus.

Weitere Aktivitäten:

- Rappbodetalsperre: *bodetal.de/poi/rappbodetalsperre-1*
- Pullman City Harz Westernstadt: *pullmancityharz.de*
- Köhlereimuseum und Baude Stemberghaus: siehe Tipp 25, Seite 148
- Rundwanderweg vom Stemberghaus zur Aussicht Schöneburg und durchs Bodetal: *bodetal.de/tour/tour-12-rundwanderung-zur-schoeneburg-1*
- Rosstrappe – Granitfelsen mit Blick über das Bodetal und den Hexentanzplatz: *bodetal.de/poi/rosstrappe-1*

HINWEISE:

- Gute Schuhe und eventuell Regenjacke einpacken.
- Im Winter ist der Weg oft sehr eisig.
- Es handelt sich um Wald- und Feldwege. An einigen Teilen der Wegstrecke ist leider auch hier das Baumsterben schon ein Thema.

25 Harzköhlerei Stemberghaus

MUSEUM UND BAUDE MIT HARZTYPISCHEN SPEISEN

In einer der letzten Köhlereien des Harzes bekommt man einen sehr guten Einblick in das traditionsreiche Handwerk. Das angeschlossene Museum bietet viele aufschlussreiche Informationen rund um die Harzer Köhler und ihre Arbeit. Die gemütliche Köhlerhütte bietet Harzer Speisen für hungrige Besucher in tollem Ambiente.

Einblicke in die Herstellung der Holzkohle

Eingebettet in dichte Wälder findet man in der Nähe von Hassel-felde eine der letzten Köhlereien des Harzes. Jedes Jahr von Anfang April bis Ende Oktober beginnen die heutigen Köhler, die traditionellen Erdmeiler zu errichten. Diese werden dann „abge-kohlt" und „geerntet", wie es in der Köhlersprache heißt. Rund 50 Tonnen reine Buchenholzkohle werden hier jährlich durch mühevolle Handarbeit hergestellt. Dabei wird nur Holz aus dem Harz verwendet.

Im angeschlossenen Köhlereimuseum, das einzigartig ist in Deutschland, wird die Entwicklungsgeschichte der Köhlerei anhand zahlreicher alter Bilder und Schriften sowie einem Infor-mationsfilm lebendig. Zudem bekommt man einen Eindruck, unter welch schwierigen Bedingungen die Köhler früher leben und arbeiten mussten. Die Geschichte der Köhlerei im Harz geht zurück bis ins Mittelalter. Rau ist das Handwerk und fein ist die Seele – das Handwerk des Köhlers ist ein seltenes geworden.

Im Außenbereich des Museums sind viele interessante Gegenstände des täglichen Gebrauchs der Köhler ausgestellt. Neben den Transportwagen und Werkzeugen gibt es sogar eine Hillebille, ein Signalinstrument, mit dem der Köhler seine Gehilfen zu einer Versammlung gerufen oder vor Gefahr gewarnt hat. Das Highlight ist die Köte. Eine kegelförmige Hütte aus vier bis fünf Meter langen Holzstangen, in der der Köhler samt seinen Gehilfen von Frühjahr bis zum Winterbeginn gewohnt hat.

Harztypische Begrüßung

Für hungrige und durstige Gäste empfiehlt sich der Besuch in der rustikalen Köhlerhütte. Hier gibt es Speis und Trank nach Köhlerart. An heißen Sommertagen eignet sich besonders der Biergarten und die überdachte Terrasse zum Entspannen, im Winter sorgt der offene Kamin im Innenbereich für eine gemütliche Atmosphäre. In der Hütte finden auch regelmäßig Veranstaltungen wie Hüttengaudi und Köhlerfest statt, bei denen natürlich die Köhlerliesel nicht fehlen darf ...

Öffnungszeiten:
siehe Website
Eintritt
Köhlereimuseum:
1,50 EUR

Im Köhlerladen kann man neben vielen Souvenirs und Spezialitäten wie den Kräuterlikör „Flüssige Holzkohle" oder den Köhlertee aus Kräutern und Pflanzen aus dem Harz natürlich auch die Kohle aus hauseigener Herstellung erwerben. Rund um die Köhlerei gibt noch vieles zu entdecken und erleben; das kleine Streichelgehege mit den freundlichen Ziegen beispielsweise ist nicht nur bei Kindern sehr beliebt.

Um die Köhler und das schwere Handwerk zu ehren, wurde im Jahr 2003 der sechs Kilometer lange Köhlerweg als Teilstrecke des berühmten Harzer-Hexen-Stieges angelegt. Er führt von Hasselfelde bis zum Stemberghaus. Auf dem Weg wurden zwölf Stationen angelegt, die mit ihren Modellen wie verschiedenen

Im Souvenierladen gibt es jede Menge tolle Dinge.

Erdmeilern, Hütten etc. den Wanderern das Handwerk näherbringen. Am Wegesrand befinden sich auch stellenweise noch die uralten Fahrwege und einige andere historische Überbleibsel, die es zu entdecken gilt. Hier kann man sich sehr gut vorstellen, wie der alte Köhlerruf „Gut Brand!" durch die Harzer Wälder schallte.

Info

Lage: Stemberghaus 1, 38899 Hasselfelde

Anfahrt: ab Blankenburg etwa 20 Kilometer südwestlich über die B81

Anreise mit dem Bus: Linie 263 zwischen Blankenburg und Trautenstein. Eine Haltestelle befindet sich direkt an der Köhlerei.

Website:
- Besuch in Treseburg: *harzinfo.de/urlaubsorte/treseburg*
- Offroad Erlebnistouren CRUDE in Stiege: *crude-harz.de*

Website: *harzkoehlerei.de*

HINWEISE:
- kostenlose Parkplätze vor Ort
- barrierefrei und behindertengerecht
- Hunde sind erlaubt.

26 Wanderung zu den Leistenklippen

WILDNIS UND EIN ATEMBERAUBENDER BLICK

Auf dieser abwechslungs- reichen Wande- rung ab Schierke durchläuft man ver- schiedene Vegetations- zonen und Lebensräume. Vom dichten Wald bis hin zum Hochmoor bekommt man in kurzer Zeit einen umfassenden Einblick in die Flora des Harzes. Der teils beschwerliche Weg wird mit einem spektakulären Rund- umblick auf den Harz belohnt.

Startpunkt der Wanderung ist der Bahnhof im bekannten Ort Schierke am Brocken im Oberharz. Von hier aus starten viele erlebnisreiche Wanderungen. Das Highlight für die Besucher ist die Ein- und Ausfahrt der Harzer Schmalspurbahn im Bahnhof. Die früher dichte Bewaldung rund um den Bahnhof erlag mittlerweile leider dem Waldsterben, und somit ist der Blick auf die Feuersteinklippe frei. Nach dieser Felsformation wurde der berühmte Kräuterlikör „Schierker Feuerstein" benannt, der als Seele des Harzes gilt. Ein Schierker Apotheker entwickelte vor über 100 Jahren eine Mixtur von einheimischen, aber auch überseeischen Kräutern und Wurzeln, um die Magen-Darm-Beschwerden der Kurgäste zu lindern. Mittlerweile wird der Likör sehr erfolgreich bis nach Afrika und USA exportiert.

Nach der Überquerung der Schienen am Bahnhof hält man sich rechts und folgt der Beschilderung Richtung Leistenklippen. Der steinige Weg führt zunächst ein kurzes Stück durch dichten Wald. Von hier aus geht es weiter auf dem Moorstieg. Das Verlassen der Wege ist strikt untersagt, da es mitunter Lebensgefahr bedeutet.

Moorstieg zu den Leistenklippen

Schierker Feuerstein

Die Moore im Harz sind nicht zu unterschätzen. Der Aufstieg über den Moorstieg ist besonders beeindruckend, weil man fast während der gesamten Zeit den Brocken im Blick hat.

An der Leistenklippe angekommen muss man nun noch die letzte Hürde überwinden, um den Ausblick zu genießen. Die Leistenklippe ist mit 901 Metern über dem Meeresspiegel die höchste Erhebung des Gebirgszuges Hohnekamm. Über eine angebrachte Stahlleiter erreicht man den Gipfel des Granitfelsens. Das Plateau gleicht einer großen Terrasse, von der aus sich ein fantastischer Blick auf die umliegende Region bietet. Die Grenzklippe, 886 Meter hoch, schränkt die Sicht auf den sich im Hintergrund majestätisch erhebenden Brocken etwas ein, er wirkt aber deshalb nicht minder spektakulär.

In südöstlicher Richtung befindet sich die Bärenklippe. Laut einer Sage handelt es sich bei den schroffen Felsen der Hohneklippen um drei schöne Jungfrauen, die zur Strafe für ihren Hochmut hier versteinert wurden. Bei gutem Wetter reicht die Sicht bis nach Wernigerode, Ilsenburg und Halberstadt sowie bis zum Großen

Steiler Abstieg über die kleine Metalltreppe

Der Pfad führt durch dicht bewachsene Heidegebiete.

Auerberg im Südharz und im Norden weit hinein bis ins angrenzende Harzvorland. Auch der höchste Berg von Niedersachsen, der Wurmberg, ist von hier oben deutlich zu sehen. Die Klippe selbst weist die für Granitgestein typische Wollsackverwitterung auf. Einige aufeinanderliegende, kantengerundete Gesteinsblöcke sehen fast so aus, als würden sie jeden Moment auseinanderfallen, sie liegen aber genau so schon seit Tausenden von Jahren hier. Der Blick über die Hochwälder des Harzes und die Ruhe sind den Aufstieg auf jeden Fall wert.

Der Rückweg über den Forstmeister-Sietz-Weg führt vorbei an weiteren Klippen und großen Felsen durch wunderschöne Heidelandschaft. Es bietet sich ein völlig anderes Bild als beim Aufstieg über den Moorstieg. Besonders während der Heideblüte ist es ein ganz bezaubernder Anblick. Die teils anspruchsvolle Wanderung durch die Naturlandschaft des Nationalparks Harz über steinige und steile Wege setzt ein gewisses Maß an Grundkondition sowie Trittsicherheit voraus. Um die 380 Meter Höhenunterschied auf der circa zehn Kilometer langen Tour entspannt überwinden zu können, empfiehlt sich ein Zeitfenster von fünf bis sechs Stunden.

Öffnungszeiten:
Der Wanderweg ist immer zugänglich.

Lage: Am Bahnhof 1, 38879 Wernigerode OT Schierke

Anfahrt: Von der A36/B6 Ausfahrt Wernigerode Zentrum oder Wernigerode Nord nutzen. Innerhalb Wernigerodes der Beschilderung Richtung Schierke (17 Kilometer) folgen. Von Süden kommend überquert man den Harz über die B4 Erfurt-Nordhausen bis nach Braunlage und weiter über Elend nach Schierke. Parken in Schierke: Der beste Ausgangspunkt ist der Parkplatz direkt am Bahnhof. Für weitere Parkmöglichkeiten der Beschilderung folgen.

Anreise mit der Bahn:
- Bis Hauptbahnhof Wernigerode mit den Bahnlinien der deutschen Bahn oder mit dem Harz-Berlin-Express, weiter mit der Harzer Schmalspurbahn bis Schierke.
- Der Bahnhof ist ca. 1,3 Kilometer von der Ortsmitte entfernt.

Anreise mit dem Bus: Linien 261 und 264 der Harzer Verkehrsbetriebe von Wernigerode, Blankenburg, Braunlage nach Schierke.

Weitere Aktivitäten:
- Fahrt mit der HSB zum Brocken: *hsb-wr.de/Fahrplan-Tarife/Streckennetz/Brockenbahn*
- Schierker Feuerstein Arena: *schierker-feuerstein-arena.de*
- Allwetterrodelbahn Brocken Coaster: *brocken-coaster.de*
- Kletterkurse und Touren an den Klippen: *harz-aktiv-klettern.de*

Website: *schierke-am-brocken.de*

HINWEISE:
- Das Wegegebot muss unbedingt beachtet werden!
- Schließungen der Wanderwege aufgrund von Wetterwarnungen sind gerade im Herbst und Winter möglich.

27 Pension Mühlhahn

AM FUSS DES BROCKENS

Die familiengeführte Frühstückspension Mühlhahn im Herzen des Harzes ist der ideale Ausgangspunkt, um die Region zu erkunden. Im angeschlossenen Weinstübchen kann man den Tag entspannt ausklingen lassen.

Die moderne, im Landhausstil eingerichtete Pension in Schierke ist der ideale Ausgangspunkt, um die umliegenden Skigebiete und Wanderwege zu erkunden. Nach nur zwei Minuten steht man mitten im Wald oder am Loipen-Einstieg. Mit der Bushaltestelle um die Ecke erreicht man auch ohne eigenes Auto zahlreiche Skipisten und die umliegenden Orte wie Wernigerode oder Goslar. Auch der Bahnhof der Harzer Schmalspurbahn, Gaststätten und Einkaufsmöglichkeiten sind fußläufig zu erreichen. Die sechs individuell gestalteten Zimmer sind gemütlich und komfortabel.

Gemütliches Zimmer

Kulinarisch bietet die Pension einen regionalen und individuellen Frühstücksservice an, den man so wohl selten wieder finden wird. Die Gastgeberin bietet immer neue Frühstücksvariationen an und bringt dabei verschiedene internationale Geschmacksrichtungen und Kreationen auf den Teller. Besondere Wünsche und Ernährungsformen werden natürlich berücksichtigt. Alles, was hier auf den Tisch kommt, wird täglich frisch zubereitet. Neben dem Frühstück kann man sich Verpflegungspakete für die Tagestour zubereiten lassen. Abends lockt das gemütliche Ambiente des Weinstübchens mit einer

Chefin mit Kuchen

Auf der Terrasse

exzellenten regionalen Weinauswahl. Bei gutem Wetter steht eine Sonnenterrasse zur Verfügung. Hier kann man bei einem Café am Morgen oder einem Drink am Abend die Ruhe der Natur entspannt genießen.

Das Besondere an der Pension Mühlhahn ist sicherlich der außergewöhnliche Service und die Herzlichkeit der Gastgeber, mit der sie versuchen jeden Wunsch ihrer Gäste zu erfüllen. Jederzeit helfen sie bei der Tagesplanung und geben Geheimtipps zu Aktivitäten in der Gegend. Sie kennen die Region, die Menschen und Angebote der Region ganz genau. Man merkt schnell, dass die Pension nicht nur von Profis, sondern auch mit ganz viel Herzblut und Leidenschaft geführt wird. Die Besucher werden mit regionalen Produkten verwöhnt und zugleich werden die einheimischen Produzenten unterstützt. Die Förderung der Heimat ist dem eingespielten Mutter-Sohn-Gespann enorm wichtig, denn nur so können sie ihren Gästen ein Stück „echten Harz" mitgeben. Mit der Eröffnung des Hauses in ihrem Heimatort haben sich die beiden einen lang ersehnten Traum erfüllt.

Unterkunft:
Haustiere sind nach Absprache herzlich willkommen; bei längerem Aufenthalt gibt es einen Wäscheservice; DZ ab 75 EUR; Frühstücksservice 9,50 EUR pro Person; Tel. 03945 551529, *info@ pension-muehlhahn. de*

Die kleine Pension im Örtchen Schierke ist ein wirkliches Highlight und eine Empfehlung für alle Gäste, aber auch einheimische Besucher, um die schöne Region im Harz auf authentische Art neu zu entdecken.

Mit weihnachtlicher Deko

Lage: Brockenstraße 27a, 38879 Schierke

Anfahrt: Auf der A36/B6 Ausfahrt Wernigerode Zentrum oder Wernigerode Nord nutzen. Innerhalb Wernigerodes der Beschilderung Richtung Schierke folgen. Von Süden kommend überquert man den Harz über die B4 Erfurt-Nordhausen bis nach Braunlage und weiter über Elend nach Schierke.

Anreise mit der Bahn: Bis Hauptbahnhof Wernigerode mit den Bahnlinien der deutschen Bahn oder mit dem Harz-Berlin-Express und weiter mit der Harzer Schmalspurbahn bis Schierke. Vom Bahnhof erreicht man die Pension nach zwei Kilometer Fußmarsch.

Anreise mit dem Bus: Die Linien 261 und 264 der Harzer Verkehrsbetriebe fahren u. a. von Wernigerode, Blankenburg, Braunlage nach Schierke. Die Bushaltestelle am Café Winkler ist fußläufig nach einer Minute erreicht.

Aktivitäten in der direkten Umgebung: Wandern, Radfahren, Mountainbiking, Klettern, Eislaufen, Skilanglauf, Rodeln

Website: *pension-muehlhahn.de*

HISTORISCHES WANDERZIEL IN EINZIGARTIGER LAGE

Im oberen Odertal liegt diese historische Ausflugs- und Wandergaststätte, umgeben von wundervoller Natur. Ein romantisches Idyll, das aufgrund der isolierten Lage Wanderern, Fahrradfahrern und Skilangläufern vorbehalten ist. Die ehemalige Sommerresidenz der Hirten aus Sankt Andreasberg verspricht eine gemütliche Rast und gut bürgerliche Küche.

Rustikal-gemütliche Gaststube

Der Rinderstall blickt auf eine lange Geschichte zurück. Bereits seit 1870 diente die Umgebung als Weideland für die braunen Harzrinderherden aus Sankt Andreasberg. Das Gebäude war Wohnstätte für die Hirtenfamilie und Stall für die Rinder. Das Milchvieh wurde täglich auf die Waldwiesen getrieben. Einige Milchkühe für den Eigenbedarf am Stall garantierten schon damals frische Milch für vorbeikommende Wandersleute. Gastfreundlichkeit zeichnete diesen Ort immer aus, was dazu führte, dass es bald mehr Wanderer als Rinder zu versorgen galt. Seit 1950 wird der Rinderstall nun als Wandergaststätte betrieben. Das Gebäude brannte zweimal komplett nieder, das letzte Mal im Jahr 1985. Mühsam baute man es wieder auf und achtete dabei penibel darauf, die rustikale und gemütliche Atmosphäre zu erhalten. Seit der Gründung des Nationalparks 1994 gilt die Ausflugsgaststätte als Perle des Gebiets, ist aber immer noch ein Geheimtipp, da nur lauffreudige Personen hier vorbeikommen.

Viele verschiedene Wanderwege mit einer Länge von 2,5 bis etwa sieben Kilometer führen zum Stall. Einige sind im Winter den Skilangläufern vorbehalten, die sich gerne am holzbefeuerten Kamin aufwärmen. Der kürzeste und zugleich einfachste Weg

Kaminecke

startet am Wanderparkplatz in Oderhaus, einem Stadtteil von Sankt Andreasberg. Der Weg führt auf fast ebener Strecke über 2,5 Kilometer durch die wunderschöne Wiesenlandschaft und ist besonders für Familien mit Kindern und Rollstuhlfahrer geeignet. Ein Highlight ist die Wildtierbeobachtungsstation am Wegesrand. Der befestigte Weg wird im Winter geräumt. Wer lieber eine etwas längere und anspruchsvollere Wanderung unternehmen möchte, findet Inspiration auf der Webseite.

Der Gasthof bietet jeglichen Komfort. Service und Freundlichkeit ist hier die Devise. Bei der Ausstattung wurde an wirklich alles gedacht. Ein Kinderspielplatz, Wickeltisch, Ladestation für E-Bikes, Notfallkasten für Fahrradfahrer mit Pumpe, Flickzeug, Ersatzschlauch etc. und im Falle von Glatteis die Spikes, die am Wanderparkplatz kostenlos als Leihgabe zur Verfügung stehen. Im Restaurant finden 95 Gäste Platz, und auf der Außenterrasse, inmitten der Natur, stehen nochmals 100 Sitzplätze zur Verfügung. Die umfangreiche Karte bietet schmackhafte, hausgemachte Wandersmannkost sowie leckere Kuchenschmankerl. Die Speisen werden vom Chef selbst frisch zubereitet. Ein witziges Highlight ist auch die „Hundespeisekarte" – nein, hier wird kein Hund gebraten, sondern man kann für seine Vierbeiner Leckerlis bestellen.

Öffnungszeiten:
- Wanderwege jederzeit
- Rinderstall: Mai bis Oktober 10:30 bis 17:30 Uhr, November bis April 10:30 bis 17 Uhr, Dienstag und Mittwoch Ruhetag; Tel. 05582 740

Egal, ob im Frühjahr, Sommer, Herbst oder Winter, der Besuch im Rinderstall entschleunigt – eins werden mit der Natur, entspannen und den Alltag vergessen, ist hier das Ziel. Die behagliche und gepflegte Atmosphäre sowie die überdurchschnittliche Gastfreundlichkeit machen einem das sehr leicht. An diesem lauschigen Plätzchen inmitten unberührter Natur kann man die Ruhe hören.

Lage: im Nationalpark Harz zwischen Braunlage und Sankt Andreasberg; GPS: 51.71611,10.56222, Rinderstall 1, 37444 Sankt Andreasberg

Anfahrt: Aufgrund der Lage inmitten der autofreien Zone ist die direkte Anfahrt mit dem Auto nicht möglich. Ausgangspunkt ist der Wanderparkplatz in Oderhaus. Über die B27 aus Richtung Braunlage oder Bad Lauterberg auf die L519 Richtung Sankt Andreasberg. Direkt hinter der Brücke befindet sich der Parkplatz. Er zweigt im Kreuzungsbereich von der Landstraße nach Sankt Andreasberg ab. An Wochenenden und Feiertagen kann der kleine Parkplatz schnell überfüllt sein. An solchen Tagen gibt es zusätzliche Parkmöglichkeiten, ein paar Meter weiter an der Nationalparkverwaltung. Vom Parkplatz aus der Beschilderung folgen.

Website: *gaststaette-rinderstall.de*

HINWEISE:

- Die Wanderwege in diesem Gebiet sind alle sehr gut ausgeschildert.
- Das Wegegebot im Nationalpark muss eingehalten werden!
- Wildtiere füttern ist verboten!
- Auf der Internetpräsenz der Gaststätte findet man viele wichtige Informationen wie Busfahrpläne sowie die Beschreibung der Wanderwege und Karten zum kostenlosen Download.

29 Unterwegs im Torfhausmoor

BEEINDRUCKENDE BOTANIK UND GESCHICHTE

Die Hochmoore im Harz sind in ganz Europa einzigartig und wurden zum Naturerbe mit internationaler Bedeutung erklärt. Diese faszinierende Landschaftsform mit ihren botanischen und geschichtlichen Highlights lässt sich am besten bei einer Wanderung erkunden.

Hochmoore werden, da sie sich ausschließlich durch Regenwasser speisen, auch Regenwassermoore genannt. Sie sind vielfältige und dynamische Landschaftsformen ohnegleichen. Es gedeihen fast ausschließlich Torf-Moose, die bis zu der 25-fachen Menge ihres Trockengewichts an Wasser aufsaugen können und dann „erhaben" über der Landschaft liegen, was die Bezeichnung „Hochmoor" erklärt.

Moose und Flechten am Wegesrand

Die Moose sind eine Besonderheit in der Pflanzenwelt. Sie sind nicht nur an die extrem nährstoffarme Umgebung angepasst, sondern schaffen um sich ein saures Milieu, was fast keine anderen Arten zulässt, bis auf ein paar Gräser, Sträucher und einige fleischfressenden Pflanzen. Außerdem können sie sich mehrmals von einer kompletten Austrocknung erholen.

Verschiedene Wanderwege laden zur Erkundung des Gebiets rund um das Große Torfhausmoor, auch Radaubornmoor genannt, ein. Besonders schön ist der Bohlensteg über das Moor. Das Wegegebot ist unbedingt zu beachten, da durch Verlassen der befestigten Wege massive Schäden an der fragilen Vegetation entstehen.

Ausgangspunkt für die Wandertouren ist das Nationalpark-Besucherzentrum Torfhaus, in dem auch verschiedene Infobroschüren und Wanderkarten erhältlich sind. Die grüne Route mit leichten Steigungen ist 4,5 Kilometer lang. Zunächst folgt man dem Goetheweg (Wanderweg 10F), auf dem

Auf des Dichters Spuren

Sonnenuntergang im Torfhausmoor

einst der berühmte Dichter zum Brocken wanderte. Neben dem Weg verläuft der 1,5 Kilometer lange Abbegraben, ein im Jahr 1827 künstlich angelegter Wassergraben für den Bergbau, der zur UNESCO-Welterbestätte Oberharzer Wasserwirtschaft gehört. Das Kulturdenkmal wirkt sich leider nachteilig auf die Moorlandschaft aus. Um die Wasserversorgung im Graben zu gewährleisten, wurden zahlreiche Stichgräben geschaffen, die die weiter oben gelegenen Moorflächen entwässern. Die Nationalparkverwaltung hat mittlerweile viele dieser Gräben wieder geschlossen, um den Erhalt der geschützten Landschaftselemente zu sichern.

Öffnungszeiten:
- Die Wanderwege sind immer begehbar.
- Besucherzentrum: April bis Oktober täglich 9 bis 17 Uhr, November bis März Dienstag bis Sonntag 10 bis 16 Uhr, Montag (außer Feiertag) geschlossen

An der ersten Gabelung folgt man der Beschilderung nach links auf den Kaiserweg (Wanderweg 35E), eine historische Handelsroute über den Harz von Bad Harzburg bis nach Nordhausen. Weiter geht es über eine kleine Brücke, auf der man den Bergbach Abbe überquert. Kurz danach eröffnet sich auf der linken Seite der freie Blick über das Große Torfhausmoor und einen Moorfichtenwald. Diese Bäume gedeihen ausschließlich am Rand von Mooren. An der nächsten Abzweigung verlässt man den Kaiserweg und biegt zweimal links ab Richtung Torfhaus und seine Skihütten. Man gelangt auf den

WaldWandelWeg, wo sich der Wald in seiner Eigendynamik beobachten lässt. Kurz vor Ende der Tour liegt linker Hand ein alter Torfstich. Die Wände sind mit Sträuchern und Fichten bewachsen und lassen die mächtige Größe der Torflager im Großen Torfhausmoor erahnen. Eine etwas kürzere Möglichkeit mit 3,5 Kilometer Länge bietet die rot ausgeschilderte Wanderroute über den Torfhaus-Stieg zum WaldWandelWeg.

Info

Lage: Torfhaus 8, 38667 Torfhaus

Anfahrt: Von Bad Harzburg aus erreicht man Torfhaus über die B4 nach 12 Kilometern. Ein großer kostenpflichtiger Besucherparkplatz befindet sich direkt am Besucherzentrum. Weitere Parkmöglichkeiten sind ausgeschildert.

Anreise mit Bahn und Bus: *nationalpark-harz.de/de/urlaub-im-nationalpark/anreise-haltestellen/#AH_TorfHaus*

Öffnungszeiten:
- Ausstellung im Nationalpark-Besucherzentrum
- Einkehr in der Bavaria Alm: *bavariaalm.de/de/standorte/torfhaus*
- Im Winter Möglichkeit zum Rodeln
- Wanderung zum Brocken
- Besuch in der Marienteichbaude mit Wildtierfütterung und Wildkatzengehege: *marienteichbaude.de*

Website: *nationalpark-harz.de/de/besucherzentren/torfhaus*

HINWEISE:
- Im Besucherzentrum erhält man Informationen und kann eine geführte Tour mit einem Nationalpark-Ranger buchen.
- Die Wege sind bequem und gut begehbar. Wegegebot beachten!
- Hunde müssen an der Leine geführt werden.
- Barrierefreies WC ist vorhanden.

30 Offroadtouren Crude

MIT ZIESEL UND WASSERFAHRRAD

Crude bietet ein außergewöhnliches Abenteuer, um den Harz zu erleben. Verschiedene Fahrzeuge und Touren werden angeboten, und so kann jeder selbst entscheiden, wie und in welchem Tempo er sich in die Natur begibt. Gemütlich mit dem Ruderboot über den See paddeln oder im Ziesel durch die Harzer Wälder düsen – es bieten sich völlig neue Perspektiven auf den Harz.

Ziesel

Crude kommt aus dem Englischen und bedeutet schroff, grob, derb und ungehobelt. Allein der Name verspricht Abenteuer. Das Highlight sind die Ziesel, elektrobetriebene, geländegängige Raupenfahrzeuge mit Joysticksteuerung und Straßenzulassung. Ein Mofa-Führerschein ist Voraussetzung, um den Einsitzer durch den Wald zu steuern. Nach einer kurzen Einweisung und einigen Testmetern geht das Vergnügen los, bei dem der Spaßfaktor und die Harzer Natur im Vordergrund stehen. Die Einsteigertour dauert etwa 30 Minuten, für ein längeres Fahrerlebnis werden weitere, geführte Touren bis zu 2,5 Stunden Dauer angeboten. Quer durch den Wald, bergauf, bergab, über Stock und Stein, über Wiesen mit tollen Panoramablicken in die Umgebung und mit viel Lachen düst man nahezu geräuschlos durch den Harz. Die Bedienung, für die man lediglich Daumen und Zeigefinger benötigt, ist einfach und so steht dem Spaßfaktor nichts im Weg. Natürlich werden auch kurze Fotostopps eingelegt, um die Erinnerungen festzuhalten.

Besonders Spaß macht die Rally im 6000 Quadratmeter großen Offroadpark. Ein mit Autoreifen abgegrenzter Parcours bietet mehrere Hindernisse, die man mit seiner Raupe meistern muss. Bei jeder Runde gibt es Neues zu entdecken, und man spürt die

Im Offroadpark

geballte Power der kleinen, wendigen Fahrzeuge. Auch hier steht nicht das Gewinnen, sondern der Fahrspaß an erster Stelle. Man braucht keinen Führerschein, lediglich eine Mindestgröße von 1,40 Meter ist erforderlich.

Seit Mai 2019 wartet auf die kleinen Offroadfans ab fünf Jahre (bis maximal 1,30 Meter und 50 Kilogramm) der Elektro-Buggy Crudy. Auf einem eigens für den Buggy angelegten 2000 Quadratmeter großen Gelände kommen auch die kleinsten Offroader auf ihre Kosten. Nach der Einweisung durch einen kompetenten Mitarbeiter fegt der kleine Crudy lautlos übers Gelände.

Für alle, die es etwas gemütlicher angehen möchten, bietet Crude auch Cruderboote auf dem Stieger See am Fuße des Schlosses an, ein Idyll, um sie Seele baumeln zu lassen und zu entspannen. Sportliche Betätigung und Spaß auf dem Wasser garantieren die Cruderbikes, die neue Generation der Tretboote: Auf einem Surfboard wurde

Öffnungszeiten: nach Vereinbarung; Tel. 039459 843854, *info@crude-harz.de*

Preise:
- Offroad-Park: 15 Minuten 45 EUR, 30 Minuten 60 EUR
- Kinder-Crudy E-Buggy: zehn Minuten 15 EUR, 30 Minuten 35 EUR
- geführte Touren: Einsteiger-Tour 70 EUR; eine Stunde 95 EUR, 2,5 Stunden 195,00 EUR, jeweils inklusive Pause mit Verpflegung; Rundum-Spezial-Tour: 120 EUR
- Rudern: 30 Minuten 6 EUR, eine Stunde 10 EUR
- Wasserfahrrad: 30 Minuten 20 EUR, eine Stunde 35 EUR

ein Fahrrad montiert, das Ganze ist quasi ein Wasserfahrrad.

Die Rundum-Spezial-Tour mit Fahrspaß beim Ziesel-Abenteuer, anschließendem Picknick am Seeufer und 30-minütiger Ruderbootfahrt in Begleitung von vielen Enten und Schwänen ist ein Garant für Spaß, Abenteuer und Action!

Ruderboote

Egal, ob im Alleingang oder als Familie, hier kann man den Alltag vergessen, seine Komfortzone verlasen und sich ausprobieren.

Lage: Der idyllische Ort Stiege liegt in Sachsen-Anhalt und ist ein Ortsteil der Stadt Oberharz am Brocken; Kirchstraße 31, 38899 Stiege

Anfahrt: Die einfachste Anfahrt ist über die Verbindungsstraße B242 zwischen Hasselfelde und Harzgerode. Alle Touren starten vom Hauptquartier aus, oberhalb vom wunderschönen Schloss. Schilder weisen den Weg innerhalb des Ortes.

Anreise mit dem Bus: Linie 260 und 265 der Harzer Verkehrsbetriebe zwischen Wernigerode und Güntersberge; *hvb-harz.de*

Website: *crude-harz.de*

HINWEIS: Ziesel sind auch für Rollstuhlfahrer und Menschen mit Gehbehinderung geeignet.

31 Huskyabenteuer Oberharz

MIT DEM HUNDESCHLITTEN DURCH DEN HARZ

Eine Reise in den Harz statt nach Lappland reicht, um sich den Traum einer Schlittenhundetour zu erfüllen. Im Ort Oberharz kommt man den schlauen Vierbeinern ganz nah und kann eine rasante Fahrt durch die dichten Wälder unternehmen. Auch Walkingabenteuer stehen auf dem Plan. Ein Spaß für alle mit den besten Freunden der Menschen.

Der idyllische Ort Benneckenstein liegt im Zentrum des Harzes auf einer Höhe von 540 bis 600 Metern. Der Ortsname entstand laut einer Sage, als sich ein Jäger auf einem Felsbrocken am Wegesrand eine Verschnaufpause gönnte. Es handelte sich jedoch um eine alte, schlafende Frau, die knurrig sagte: „Benneck-en-stein?" Weitere spannende Fakten und Geschichte(n) zum Ort findet man im Heimatmuseum.

Der Ort hat einiges zu bieten, darunter eine nicht ganz alltägliche Attraktion: ein Fahrt mit dem Hundeschlitten. Berichte über die Schlittenhundegespanne im fernen Norden Europas, die rasant durch den Schnee preschen, wecken den Wunsch, einmal dabei zu sein. In Benneckenstein ist dieser Traum durchaus realisierbar. Die Wälder und Hochflächen eigenen sich bestens für dieses Abenteuer. Falls der Schnee nicht ausreicht, wird der Schlitten einfach gegen einen Wagen mit Gummirädern getauscht, was dem Spaß keinen Abbruch tut.

Sechs bis acht Huskys bilden das Gespann. In freudiger Erwartung auf die nahende Abfahrt springen sie wild umher und jaulen. Vor dem Start bekommt jeder Mitfahrer eine kurze Einweisung vom Musher, dem Schlittenhundeführer. Jetzt ist es fast soweit, und man nimmt seinen Platz auf dem Schlitten ein. Nun gibt der Musher sein Kommando an die Hunde, Fuß von der Bremse und los geht es. Es ist ein unglaubliches Gefühl, wenn die Hunde plötzlich durchstarten. Die Landschaft fliegt geradezu an einem vorbei. Die Hunde bahnen sich ihren Weg durch enge Kurven, bergauf und bergab und geben auf geraden Flächen richtig Gas. Sie haben so viel Freude dabei, und das überträgt sich automatisch auf die Besucher. Am Ende weiß man wirklich nicht, wer mehr Spaß hatte, die Hunde oder die Gäste. Trotz des teils hohen Tempos entschleunigt dieses Erlebnis total. Streckenweise geht es ganz entspannt voran, und so hat man ausreichend Möglichkeit, die schöne Landschaft des Harzes zu genießen oder kurz mit den Huskys zu knuddeln. Zwischendurch darf man sich sogar selbst als Musher versuchen, was natürlich ein wirkliches High-

Unterwegs mit dem Hundeschlitten

light ist. Wer von dieser Tour begeistert ist, sollte unbedingt auch die Nachttour buchen.

Für Wander- und Walkingfreunde gibt es eine Trekkingtour. Mit einem zugeteilten Husky bildet man, verbunden über einen Bauchgurt und eine Gummizugleine, ein Team. Der Guide führt querfeldein und über Wanderwege zu entlegenen Plätzen, an die man als „normaler Tourist" gar nicht kommt. Das Vertrauen, das auf dieser Tour mit dem Tier zustande kommt, macht die Wanderung zu etwas ganz Besonderem. Auch die Husky-Kuschelstunde erfreut sich großer Beliebtheit. Nicht nur Kinder sind begeistert, mit den großen Samtpfoten auf Tuchfühlung zu gehen. Kinder ab acht Jahren können zusammen mit einem Erwachsenen am Husky-Erlebnistag teilnehmen. Der Tag wird individuell mit den Teilnehmern gestaltet, man lernt sehr viel über die Hunde und den Umgang mit ihnen.

Öffnungszeiten: nach Vereinbarung; Tel. 039457 40739

Preise:

- Kuschelstunde 19 EUR
- Touren: inklusive Imbiss
- Trekkingtour vier Stunden 79 EUR
- Schlitten- oder Wagentour drei bis 3,5 Stunden 139 EUR
- Schlittenhunde Nachttour zwei bis vier Stunden 145 EUR (nur Getränke)
- Husky-Erlebnistag acht Stunden 199 EUR

Egal, für welche Tour man sich entscheidet, sie bleibt für immer eine schöne Erinnerung. Nachdem die Hunde ausgiebig geknuddelt und versorgt wurden, endet fast jede Tour im Tipi am Lagerfeuer mit heißen Getränken und Suppe. Gemeinsam lässt man hier den Tag Revue passieren.

Das Angebot eignet sich für die ganze Familie. Wer das Vertrauen, die Unterstützung und den Spaß bei einer der Touren gespürt hat, der wird die Hunde lieben. Wie könnte man auch anders, wenn die große starken Tiere einem in die Augen blicken und einen sanft mit der Pfote berühren.

Lage: Der Luftkurort Benneckenstein liegt zentral im Landkreis Harz rund 12 Kilometer von Hasselfelde und 15 Kilometer von Braunlage; Unterbruch 6, 38877 Oberharz am Brocken OT Benneckenstein

Anfahrt:
- Über die B242, Abfahrt auf die L98 Richtung Benneckenstein
- Über die B4 in Hohegeiß auf die L97 Richtung Benneckenstein oder bei Rothesütte auf L1014 Richtung Norden, weiter L98 und Nordhäuser Straße bis Benneckenstein

Website: *huskyabenteueroberharz.de*

HINWEISE:
- Teilnehmer sollten ein Körpergewicht von 90 Kilogramm nicht überschreiten. Voraussetzung ist gute körperliche Fitness, keine Knie-, Rücken- oder Laufprobleme.
- Bei Sturm, starkem Regen und vereister Strecke finden die Touren nicht statt und werden verschoben.
- Je nach Wetterlage und Temperatur sollten Kleidung und Schuhe angepasst werden.
- Trekking Touren können bis ca. 15 bis 20 Grad Celsius durchgeführt werden; Wagen- und Schlittentouren bis max. 15 Grad. Streckenprofil und Streckenlänge sind ebenfalls temperaturabhängig.
- Eigene Hunde dürfen zum Event mitgebracht werden.

Wanderung durch den Herbstwald

Oberharz

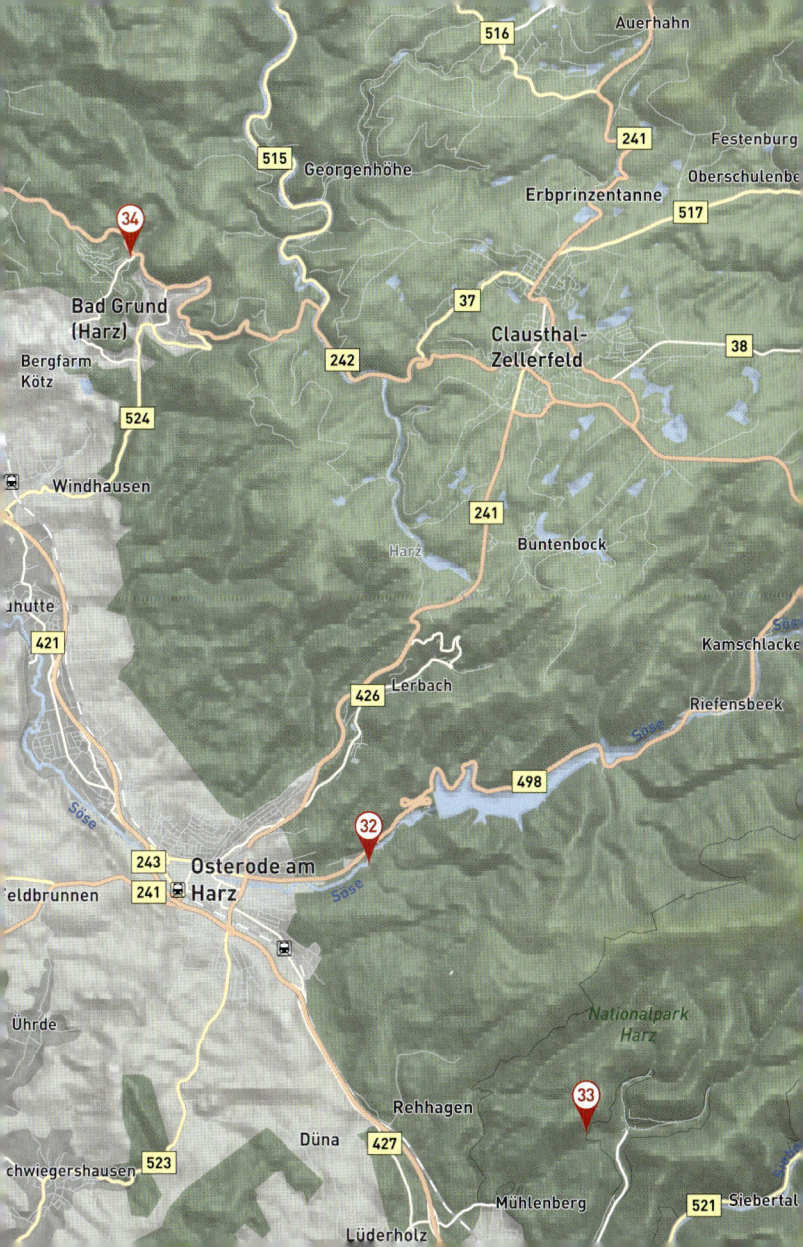

32 Waldvogelstation Osterode

ZU BESUCH BEI DEN WILDVÖGELN

Integriert in ein Wald-
stück finden hier in der
Auffangstation für kranke
und verwaiste Vögel rund
50 einheimische und einige
exotische Vogelarten ein
naturnahes Zuhause.

Auf einem 400 Meter langen Rundweg haben die Besucher die Gelegenheit, die sonst oft sehr scheuen Wildvögel in ihren naturnah angelegten Volieren ganz aus der Nähe zu beobachten. Die Tiere lassen sich kaum stören und fühlen sich in ihren geräumigen Freigehegen sichtbar wohl. Auf dem Gelände sieht man viele Kaninchen und Hühner, die neugierig nach Futter betteln. In den Gehegen selbst sind neben den einheimischen Waldvögeln auch einige Exoten wie Wellensittiche, Pennantsittiche und die niedlichen chinesischen Zwergwachteln vertreten.

Turmfalke

Gleich hinter dem Eingang ertönt ein merkwürdiger Ruf, der Uhu begrüßt seine Gäste. Es gibt mehrere dieser imposanten Vögel zu bestaunen. Nicht weniger faszinierend sind der kleine Waldkauz und die Greifvögel. Ein absoluter Besuchermagnet ist der sprechende Rabe. Vorsicht ist angesagt, denn mit seinem starken Schnabel kann er kleine Finger schlimm verletzten. In den Teichen tummeln sich eine Vielzahl von Wasservögeln. Die Enten freuen sich immer über die Besucher, und die Kinder haben viel Spaß beim Füttern der Tiere mit Spezialfutter, das man am Eingang erwerben kann.

Uhu

Rabe

Für die kleinen Besucher gibt es neben der Tierwelt noch den Barfuß-Pfad zu erkunden. Mit bloßen Füßen können die Kinder über verschiedene Wegfelder laufen, die gefüllt sind mit Kastanien, Haselnüssen oder Kieselsteinen, und ihr Empfinden schulen. Auf dem Gelände gibt es außerdem jede Menge Platz zum Austoben und Neues erfahren. In dem kleinen Bachlauf leben Frösche, und vielleicht entdeckt man sogar einen Molch oder Feuersalamander. Für die Erwachsenen stehen Ruhebänke zur Verfügung und laden zum Verweilen ein.

Öffnungszeiten:
April bis Mai sowie September und Oktober 14 bis 18 Uhr, Juni bis August 10 bis 18 Uhr; die Öffnungszeiten sind variabel und von Wetter etc. abhängig; Tel. 0171 8907805 Ansprechpartner Klaus Dietrich
Eintritt: Erwachsene 3 EUR, Kinder (6 bis 14 Jahre) 1,50 EUR

Die Waldvogelstation ist eine erholsame und interessante Abwechslung zum Alltag und ein idyllisches Ausflugsziel für alle Generationen. Genaue Angaben zu den Tierbeständen können nicht gemacht werden, da diese stetig wechseln. Verletzte Tiere kommen zur Pflege hinzu und einige werden wieder in die Wildnis entlassen, nachdem sie sich erholt haben. Einige ehemalige Patienten kommen immer wieder zurück, denn die Tiere vergessen nicht, mit wie viel Fürsorge man sich hier um sie gekümmert hat.

Der Eingang zur Vogelstation

Info

Lage: Bürgermeister-Schimpf-Straße, 37520 Osterode am Harz

Anfahrt: Am Butterbergtunnel in Osterode am Harz fährt man in Richtung Sösestausee. Auf Höhe des Forsthauses Sösetal an der B498 der Beschilderung Richtung Parkplatz folgen. Vom Parkplatz sind es ca. 500 Meter Fußweg bis zur Vogelstation.

Weitere Aktivitäten:
- Rundwanderung mit Jugendwerkstattpfad zur Sösetalsperre, ca. zehn Kilometer
- Bowlingcenter Eulenburg: *bowlingcenter-eulenburg.de*
- Campingplatz und Biergarten: *eulenburg-camping.de*

Website: *osterode.de/info/poi/waldvogelstation-912000814-21351.html*

HINWEISE:
- Es handelt sich um „wildes" Gelände. Die Wege sind nicht geteert. Gerade nach Regenfällen sind wasserfeste Schuhe zu empfehlen.
- Hunde müssen draußen bleiben.

33 Auerhühner in Lonau

GRÖSSTES SCHAUGEHEGE EUROPAS

In den wunderschönen Buchenwäldern im Oberharz hat die Nationalparkverwaltung ein naturnahes Schaugehege für die einst in Norddeutschland heimischen Auerhühner errichtet. Früher konnte man die Tiere noch oft in der freien Wildbahn beobachten, jetzt gelten sie in Sachsen-Anhalt und Niedersachsen als ausgestorben.

Mitten im Nationalpark, eingebettet zwischen Berghängen und Wiesen, liegt das idyllische Harzer Bergdorf Lonau. Da es keinen Durchgangsverkehr gibt, ist man hier völlig ungestört. Bei einem Spaziergang über die Harzer Bergwiesen finden sich 50 Pflanzen, die bereits auf der Liste der gefährdeten Arten stehen. Auch bedrohte Heuschrecken und Schmetterlinge trifft man hier zahlreich an.

Auerhahn bei der Balz

Die Rangerstation im Dorfgemeinschaftshaus ist Ausgangspunkt für die Wanderung zum Auerhuhn-Schaugehege. Hier erhält man ebenfalls viele Informationen zum Nationalpark sowie Hinweise und Tipps zu Wanderungen in der Umgebung. Parkmöglichkeiten befinden sich direkt vor dem Dorfgemeinschaftshaus. Eine direkte Zufahrt zum Gehege mit dem Auto ist nicht möglich. Der Wanderweg führt über ca. 1,2 Kilometer stetig bergauf, Steigung etwa sechs Prozent. Schilder weisen einen Trampelpfad über die Wiesen in den Buchenwald hinein aus. Wenn der Pfad auf den breiten Forstweg trifft, hält man sich rechts. Nach ca. 300 Metern befindet sich an der großen Kreuzung der Pavillon mit den Freigehegen auf der rechten Seite.

Hier geht es rechts zum Gehege

Pfad über die Bergwiesen zum Auerhuhngehege

Auerhühner sind fasanartige Hühnervögel und zugleich die größten Hühnervögel Europas. Mit einem Gewicht von bis zu drei Kilogramm, ihrem schwarz-bläulich gefärbten Gefieder und der typisch roten Augenzeichnung sind vor allem die Männchen eine imposante Erscheinung. Im Frühjahr geben sie merkwürdige Balzlaute von sich, um die extrem gut getarnten Weibchen zu beeindrucken. Diese entdeckt man nur sehr selten in den dicht bewachsenen Ausläufen. Jeden Tag zwischen 10 und 11 Uhr werden die Tiere von den Rangern gefüttert. Alle Fragen der Besucher werden in dieser Auerhuhn-Sprechstunde ausführlich beantwortet. Es besteht auch die Möglichkeit einer Sonderführung. Telefonische Buchung ist vorab nötig.

Öffnungszeiten:
- Das Schaugehege ist jederzeit zugänglich; der Eintritt ist frei.
- Nationalpark-Infostelle im DGH: täglich 8 bis 16 Uhr
- Die Ranger sind täglich erreichbar 8 bis 9 Uhr; Montag zusätzlich 14 bis 18:30 Uhr unter Tel. 05521 72653

Eintritt: frei

Neben den Auerhühnern sind in der siebenteiligen Anlage außerdem Hassel- und Birkhühner untergebracht. Das Schaugehege ist eine tolle Möglichkeit die selten gewordenen Tiere in ihrer natürlichen Umgebung ausgiebig zu beobachten. Es gibt mehrere Sitzmöglichkeiten, von denen aus die einzelnen Gehege gut einsehbar sind.

Lage: Mitten In Nationalpark Harz im Dorf Lonau; das Dorfgemeinschaftshaus DGH/Rangerstation ist in dem kleinen Ort leicht zu finden. Es liegt an der Straße Unterdorf und ist gut ausgeschildert; Unterdorf, 37412 Herzberg am Harz OT Lonau

Anfahrt: Lonau ist von Herzberg nördlich über die Lonauer Straße nach etwa sechs Kilometern erreicht. Parkplätze am Schwimmbad und Campingplatz Lonau.

Weitere Aktivitäten:
- Waldschwimmbad am Campingplatz Lonau: *touristinformation-lonau.de/aktiv-in-lonau/ waldschwimmbad-lonau.htm.*
- Wanderweg (zehn Kilometer) „Rund um Lonau": *touristinformation-lonau.de/pdf/Wanderflyer_ RundumLonau_2013.pdf*
- Wassertretstelle – Kneippen im Flusswasser: *touristinformation-lonau.de/aktiv-in-lonau/ wassertretstelle.htm*

Website: *touristinformation-lonau.de/aktiv-in-lonau/ auerhuhn-schaugehege.htm*

HINWEISE: Ein barrierefreier Zugang zum Gehege ist über den ca. 1,7 Kilometer langen Forstweg möglich. Auch hier ist die stetige Steigung zu beachten. Rollstuhlfahrern wird eine Begleitperson empfohlen.

34 WeltWald Harz

STREIFZUG DURCH DIE WÄLDER UNSERER ERDE

Bad Grund ist einer der wenigen Kurorte in Deutschland, der zwei Prädikate nachweisen kann. Im Oktober 2013 erhielt die Stadt die staatliche Anerkennung zum Heilklimatischen Kurort mit Heilstollen-Kurbetrieb. Außerdem bietet die Lage in einem wildromantischen Tal inmitten der Harzer Mischwälder, das durchzogen ist von unzähligen Wanderwegen, jede Menge Möglichkeiten, die Umgebung zu erkunden.

Oberhalb der ältesten Berg-baustadt des Ober-harzes, Bad Grund, liegt der WeltWald Harz. In dem Arboretum findet man eine beeindruckende Ansammlung von fast 600 Baum- und Strauchar-ten aus Asien, Europa und Nordamerika. Bei einem Spaziergang durch die Natur, die sich hier besonders prachtvoll präsentiert, gibt es viel zu entdecken und lernen.

Eine Einzigartigkeit in der Region stellt die vielfältige Gehölzsamm-lung oberhalb der Stadt dar. Auf rund 100 Hektar Fläche werden hier seit 1975 unter Leitung der Niedersächsischen Landesfors-ten fremde Gehölze in die Harzer Wälder integriert. Von ursprüng-lich 113.000 Pflanzen haben fast 50.000 aus 522 verschiedenen Arten überlebt. Es handelt sich somit um eine der größten bota-nischen Baumparkanlagen in Deutschland.

Das Gebiet ist in verschiedene geografi-sche Bereiche unterteilt: Westliches und östliches Nordamerika; Europa - Mittelmeer-gebiet - Vorderasien – Westsibirien; Nord-, Ost-,

Südost- und Zentralasien. Informationstafeln an den verschiedenen Eingängen geben Aufschluss über die möglichen Wanderungen durch die Bereiche. Hinweis-schilder an den jeweiligen Bäumen und Sträuchern erklären Art und Herkunft.

Mammutbäume am Totempfahl

Besonders beeindruckend ist der nordamerikanische Teil. Vorbei an riesigen Mammut-bäumen und Totempfählen pirscht man sich auf dem schmalen Pfad durch den dichten Wald. Besonders zur Zeit des Indian Summers im Herbst und auch im Frühjahr ist das Farbenspiel der Laubbäume ganz bezaubernd. Vom Entdeckerturm bietet sich ein weiter Blick in die Umgebung. Augen offen halten, denn Adler, Kojote, Bär und Bison verstecken sich geschickt in der dichten Vegetation. Besonders Kinder haben großen Spaß, die Tiere zu erspähen. Weiter geht es durch den Fel-senirrgarten und am Indianergrab vorbei bis zum Info-Pavillon.

Das Highlight am Ende des Weges ist die Überquerung der wackligen Hängebrücke. Wer Angst hat, kann über einen kleinen Umweg zurück zum Parkplatz gehen. Der rund zwei Kilometer lange Entdeckerpfad macht einfach Spaß und bietet ausreichende Möglichkeiten, um die Natur zu genießen. Viele Vogelarten und Eichhörnchen turnen durch die Bäume und mit etwas Glück sieht man sogar

Hängebrücke am Erlebnispfad

Hübichenstein

eine kleine Schlange, die den Weg kreuzt.

Entlang der Wege finden sich immer wieder Rastplätze zum Ausruhen und Picknicken. Zweimal jährlich findet auf dem Gelände ein internationaler Nordic-Walking-Lauf statt ,der viele Sport- aber auch Naturbegeisterte aus ganz Europa anzieht.

Nirgendwo anders in Deutschland kann man an einem Tag entlang der Pazifikküste Nordamerikas, über die Rocky Mountains nach Kanada und weiter bis nach Asien laufen. Der Besuch in dem Baumpark ist ein Highlight für Groß und Klein. Das Konzept ist durchdacht und dank der Attraktionen und Hinweisschilder entlang der Wege auch pädagogisch sinnvoll. Hier verbindet man Lernen mit Bewegung an der frischen Luft und Spaß. Wer weiß denn schon, dass die Weihrauch-Zeder das Holz für Bleistifte liefert oder hat schon einmal an einem Lebkuchenbaum geschnuppert?

Öffnungszeiten:
immer
Eintritt: kostenlos
Weitere Aktivitäten:
- Uhrenmuseum Bad Grund: *uhrenmuseum-badgrund. de/index.php/Uhrenmuseum_ Bad_Grund_de.html*
- Minigolf am Atrium Bad Grund: *bad-grund.de/mini- golf-am-atrium.html*
- Bowlingbahn Bad Grund: *bowling-badgrund.de/ index.php/de*

Unweit des Eingangs zu dem Park befindet sich ein weiteres Ausflugsziel der Umgebung. Der Hübichenstein, 448,5 Meter, weist gleich zwei Gipfel auf. Die zwei miteinander verbundenen Felsnadeln sind Überreste eines Korallenriffs. Nicht zu übersehen ist die große Adlerfigur aus Bronze auf einem der Gipfel, ein verbliebenes Teilstück eines Denkmals zu Ehren von Kaiser Wilhelm I. Natürlich rankt auch um diesen Ort eine Sage. Der Hübichenstein war das Zuhause von Gnomen, Zwergen und Elfen. Der Herrscher Hübich verstecke seine Zauberkraft in seinem langen Zwergenbart. Er war gutherzig und beschenkte die Armen mit silbernen Tannenzapfen. Sein Reich durfte jedoch nicht von Menschen betreten werden. Wer es doch wagte, wurde hart bestraft. Im Dreißigjährigen Krieg zerschossen Soldaten die Spitze des Felsens und Hübich wurde nie wiedergesehen. Noch heute gilt er als der inoffizielle Schutzpatron von Bad Grund.

Lage: Der WeltWald liegt oberhalb von Bad Grund, unweit von Wildemann und etwa 35 Kilometer von Braunlage entfernt; Kanadaweg, 37539 Bad Grund

Anfahrt: Von Seesen über die Harzhochstraße/B242 Richtung Clausthal-Zellerfeld. Schilder und der Hübichenstein markieren die Abfahrt zum kostenlosen Parkplatz.

Anreise mit Bus und Bahn: Zielbahnhof Gittelde-Bad Grund mit direkter Anbindung an die regionale Buslinie „Die pinke Linie" 460: Osterode – Gittelde –Bad Grund – Clausthal-Zellerfeld

Websites:
- *landesforsten.de/erleben/unsere-naturtalente/weltwald-harz*
- *bad-grund.de*

HINWEISE:
- Insgesamt durchkreuzen ca. 12 Kilometer Wanderwege das Gebiet.
- Es handelt sich um Wald- und Forstwege sowie Trampelpfade teils über Wurzeln oder Steine. Festes Schuhwerk tragen!
- Barrierefrei sind folgende Wege: Horizontalweg, Prinzess-Ilse-Weg und Koreaweg

Unterharz

In Nordmanns wildem Paradies

Unterharz

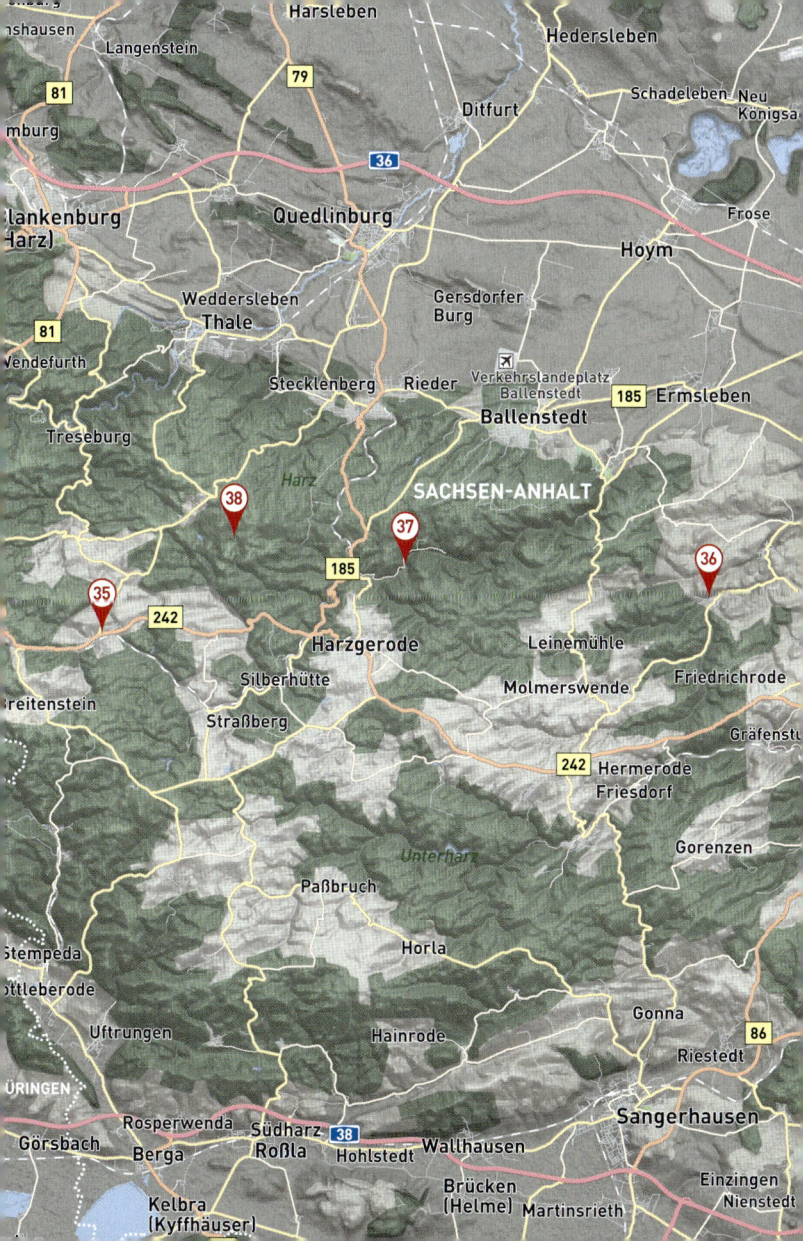

35 Mausefallen und Kuriositäten

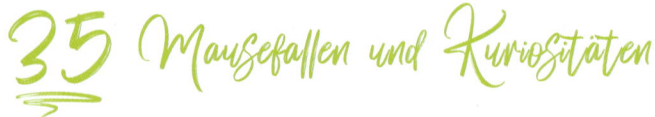

DAS ETWAS ANDERE MUSEUM

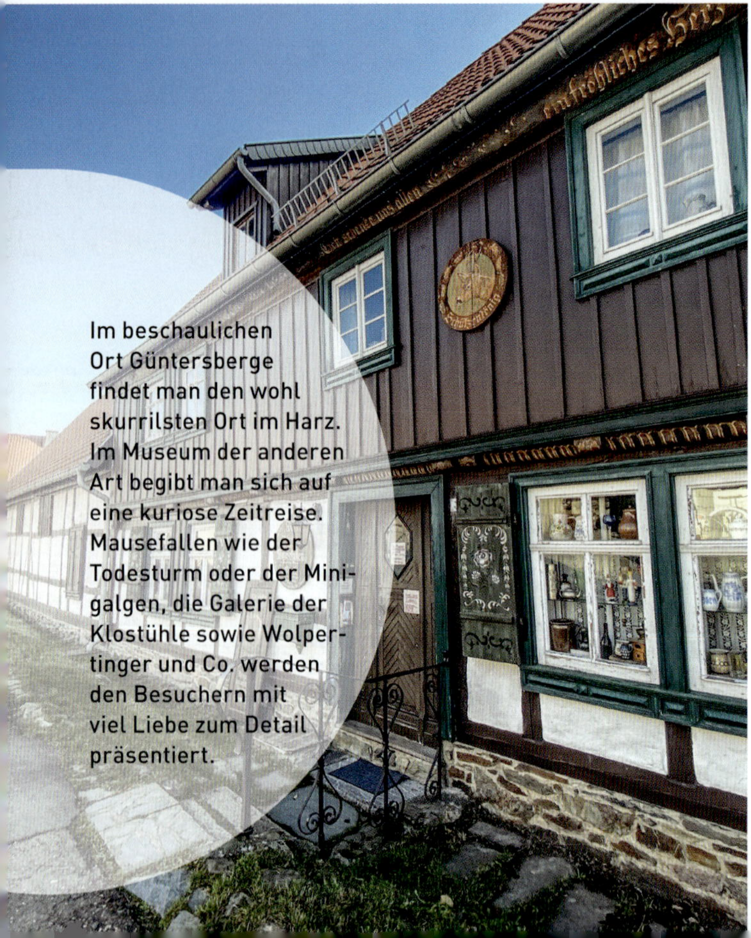

Im beschaulichen Ort Güntersberge findet man den wohl skurrilsten Ort im Harz. Im Museum der anderen Art begibt man sich auf eine kuriose Zeitreise. Mausefallen wie der Todesturm oder der Minigalgen, die Galerie der Klostühle sowie Wolpertinger und Co. werden den Besuchern mit viel Liebe zum Detail präsentiert.

Museen gibt es viele und an fast jedem Ort. Ein Museum wie dieses findet man allerdings nicht so schnell. Allein das über 300 Jahre alte, liebevoll renovierte Fachwerkhaus ist schon einen Besuch wert. In verschiedenen Ausstellungsräumen werden hier Raritäten mit viel Witz und Charme präsentiert. Die Besitzerin Frau Knepper hat eine Sammelleidenschaft für wirklich außergewöhnliche Dinge. Hier findet man mehr als 400 altertümliche Mäuse- und Rattenfallen –ein echtes Schreckenskabinett für die Nagetiere: eine Selbstschussanlage, die Wühlmauskanone aus den 1920er-Jahren, der Todesturm von ca. 1900, der gleich sechs bis sieben

Die Besitzerin zwischen ihren Schätzen

Mäuse auf einen Schlag erlegt, der Mäusegalgen, indem sich die Maus selbst erhängt, Sammel- und Lebendfallen und vieles mehr lassen auf den Erfindergeist unserer Vorfahren schließen, um die lästige Plage loszuwerden.

In der nächsten Ecke findet man sich zwischen ausgestopften und mumifizierten Tiere wieder: Dachs, Fuchs, Wanderratten, sogar der Wolpertinger aus Bayern hat seinen Platz hier gefunden, da darf der Harzer Rasselbock natürlich nicht fehlen ... Kaum jemand kennt dieses Fabelwesen, das tief in den Harzer Wäldern lebt. Der Rasselbock ist übrigens ein Hase mit Hörnern. Von seiner Art gibt es auch ein weibliches Pendant, die Rasselgeiß. Im Jahr 1921 huldigte man die Tiere auf einem

Harzer Rassselbock

Ältester Klostuhl

Geldschein aus Thüringen, wo einige Männer auf der Jagd nach dem Bock abgebildet waren.

Man weiß gar nicht, wo man im Museum zuerst hinschauen soll, denn präzise angeordnete Vitrinen mit fein säuberlich beschrifteten Exponaten sucht man hier vergebens. Die Führung mit der Betreiberin dauert über eine Stunde und ist reinstes Entertainment. Neben den vielen Informationen zu den Ausstellungsstücken bekommt man hier quasi eine „One-Woman-Show", während man gemütlich auf einem der antiken Stühle sitzt.

Die Galerie der Klostühle bietet einen umfassenden Einblick in die Entwicklungsgeschichte unserer heutigen Toiletten. Das älteste wasserspülende WC stand bereits im Jahr 2300 v. Chr. in Persien, das deutsche Pendant aus dem Jahr 1850 sowie die Torftoilette von 1900 kann man hier bewundern. Der ganze Stolz ist der 500 Jahre alte Kinder-Toilettenstuhl. Neben all den Klosetts in verschiedenen Ausführungen gibt es hier auch über 100 Jahre alte Damenunterwäsche, einen Keuschheitsgürtel, Toilettenpapier von 1930 und viele Schilder, Postkarten und allerlei andere kuriose Raritäten zu bestaunen.

Nach der Führung sollte man unbedingt noch im angeschlossenen Antiquitäten-

Öffnungszeiten/ Führung: Samstag und Sonntag 14 und 15 Uhr, Dauer ca. eine Stunde; Führungen unter der Woche sind nach telefonischer Absprache möglich, Gabriele Knepper Tel. 039488 430 **Eintritt:** Erwachsene 5 EUR, Jugendliche 14 bis 17 Jahre 4 EUR, Kinder bis 14 Jahre 3 EUR

laden vorbeischauen. Hier findet man bestimmt ein schönes Souvenir und auch die ein oder andere Kuriosität. Im hinteren Teil des alten Gemäuers befindet sich ein wunderschönes Museumscafé. Öffnungszeiten erfragt man am besten, wenn man sich zum Besuch anmeldet. Dieses verrückte Museum ist nicht nur im Harz einzigartig, nein sogar in ganz Europa gibt es nicht Vergleichbares.

Wolpertinger

Lage: Güntersberge liegt direkt an der B242 zwischen Harzgerode und Hasselfelde im Selketal; Klausstraße 38, 06493 Harzgerode OT Güntersberge

Anfahrt: Von Blankenburg über die B81 Richtung Süden, in Hasselfelde auf der B242 Richtung Harzgerode. In Güntersberge weisen Schilder den Weg zum Mausefallenmuseum. Kostenlose Parkmöglichkeiten direkt am Haus.

Anreise mit dem Bus: mit der Linie 554 Harzgerode – Stolberg; auch die Anreise mit der Selketalbahn ist möglich; *selketalbahn.de*

Weitere Aktivitäten:
- Naturlehrpfad Güntersberge: beginnt unmittelbar hinter dem Museum; *harzgerode.de/verzeichnis/visitenkarte.php?mandat=102309*
- Wunderschöner Bergsee am Ortsrand mit Bootsverleih, Angeln und Baden
- Eulenwelt-Falkenhof-Harz Harzgerode: *eulenwelt-falkenhof-harz.de*
- Selketalbahn: *selketalbahn.de*

Website: *mausefallenmuseum.de*

HINWEIS: Telefonische Terminabsprache wird empfohlen.

36 Nordmanns wildes Paradies

HEIMAT DER GRÖSSTEN BISONHERDE DEUTSCHLANDS

Der Wildpark stellt eine Einzigartigkeit in der Region dar. Das riesige Gelände umfasst insgesamt 2000 Hektar Wald, Weide und Forst, genug Platz für 1300 einheimische und exotische Tiere aus verschiedenen Ländern. Unterschiedliche Wanderrouten führen durch den Wildpark. Die neugierigen Wildschweine begrüßen die Besucher kurz hinter dem Eingang, und man hat die Gelegenheit, sie bei ihren Rangeleien zu beobachten. Hier geht es wild zu! Die weitläufigen und naturnahen Gehege, in denen die Tiere untergebracht sind, sind ein wahres Paradies. Bänke und Schutzhütten bieten Platz für Entspannung und um die Aussicht zu genießen. Vom Weg aus eröffnen sich immer wieder wunderschöne Panoramablicke über die Region. Vorbei an Mufflon- und Rotwild, Highlandrindern, Straußen, Alpakas und Trampeltieren gelangt man, kurz vor Ende der Rundwanderung, zum Streichelgehege mit Ziegen und Schafen. Gleich gegenüber befindet sich auch ein großer Spielplatz. An den Wasserstellen sollte man Ausschau nach Nutrias halten. Einige von den südamerikanischen Sumpfbibern haben sich hier angesiedelt.

Nordmanns Wildpark ist ein einzigartiges Abenteuer – hier erlebt man auf einer wilden Safari die Urgewalt der größten in Deutschland lebenden Bisonherde. Wandertouren, kulinarische Highlights aus eigener Wildgehege-Haltung und Hausschlachtung, eine Wellness-Landschaft, ein luxuriöses Sporthotel und vieles mehr findet man im kleinen Harzdorf Stangerode.

Die Bisons genießen die Sonne.

Das besondere Highlight ist die zehn Kilometer lange Nordmann-Safari mit Geländewagen und Ranger. Direkt vor dem Hoteleingang besteigt man ein extra dafür umgebautes, geländegängiges Gefährt. Wenn alle ihre Plätze eingenommen haben, geht es sofort rasant und über Stock und Stein den Berg hoch. Nach kurzer Zeit erreicht man die ersten Gehege, und der Wildpark-Ranger informiert die Gruppe über die Tiere. Jede Frage wird geduldig beantwortet, und man hat genügend Zeit, um Fotos zu machen. Langsam nähert sich das Fahrzeug dann auch der großen Bisonherde, die mehr als 450 Exemplare dieser urzeitlichen Tiere umfasst. Sehr beeindruckend ist es, wenn

Safari-Fahrzeug

Schottisches
Hochlandrind

die Herde in Aufruhr gerät – es hört sich dann an, als würde eine Lawine brechen, und man fühlt, wie sich die Erde bewegt. Die ganze Urgewalt der imposanten Tiere ist zu spüren. Das Gehege der Bisons erreicht man auch bei einem Spaziergang, es ist kostenfrei zugänglich. Auf dem Gelände wurden verschiedene Wanderwege mit einer Länge von drei bis 13 Kilometern angelegt, die allesamt mit Kinderwagen oder Rollstuhl gut zu begehen sind. Außer den Bisons gibt es auch noch Highlandrinder, Galloways und sogar ungarische Steppenrinder.

Neben dem Wildpark wird noch ein Forst- und Sägewerk betrieben. Alle Holzmöbel, die man im Hotel und Restaurant sieht, wurden hier gefertigt. In der gemütlichen Gaststätte werden Gerichte serviert, die aus der eigenen Zucht stammen und im hauseigenen Schlachthaus verarbeitet werden. Fleisch- und Wurstspezialitäten wie Bison-Bratwurst oder Wildschweinsalami für Zuhause kann man im Hofladen erwerben.

Öffnungszeiten
Wildpark: täglich 8 bis 20 Uhr
Eintritt:
- Wildpark: 5 EUR; Eintrittskarten gibt es am Automaten am Hotelparkplatz oder an der Hotelrezeption.
- Safari: ein bis drei Personen 30 EUR; jeder weitere Erwachsene 10 EUR, Kinder von 4 bis 11 Jahre 5 EUR

Pferdeliebhaber kommen im angeschlossenen Reitbetrieb auf ihre Kosten. Urlaub mit dem eigenen Pferd, Reitlehrgänge und Reitunterricht – das Angebot ist breit gefächert. Auch weitere sportliche Betätigungen sowie ein großer Spa- und Wellnessbereich mit Sauna und Massage bieten viele Gelegenheiten, um in Ruhe und Entspannung „abzutauchen".

Das familiengeführte Resort bietet einen Rundum-Wohlfühlservice mit schier unendlichen Angeboten an Freizeitaktivitäten. Großes Alleinstellungsmerkmal ist die extensive und natürliche Haltungsweise der Tiere, die Schlachtung im eigenen Schlachthaus und die hauseigene Vermarktung des Fleisches.

Steinwild

Info

Lage: Stangerode liegt am östlichen Harzrand im Südharz zwischen Hettstedt, Ballenstedt und Harzgerode; Deistraße 23, 06456 Arnstein

Anfahrt: Von der A14 Ausfahrt Könnern auf B6/A36 oder Ilberstedt B185 Richtung Aschersleben, dort B185 Richtung Ermsleben, dann nach Westdorf über Welbsleben, Harkerode und Alterode nach Stangerode. Beschilderung Richtung Hotel folgen. Ein großer, kostenpflichtiger Parkplatz befindet sich direkt gegenüber dem Hotel.

Websites:
- *nordmannharz.de*
- *bisonbeef24.de*
- *forst-nordmannharz.de*

HINWEISE:
- Der Wildpark ist barrierefrei.
- Hunde dürfen leider nicht mit in den Park, dürfen aber auf den Wanderwegen im Gelände an der Leine mitgeführt werden.
- Wer in den Restaurants Wildschütz oder Bonasus essen möchte, sollte unbedingt frühzeitig reservieren.

Das Tal der Selke, einem Nebenfluss der Bode, ist wohl das idyllischste Flusstal des Harzes. Ursprünglich und unverbaut, ohne Talsperre, die den Flusslauf bremst, ist das weitläufige Naturschutzgebiet Heimat vieler seltener Tiere und Pflanzen. Bei einer Fahrt mit der Selketalbahn, der ältesten Schmalspurbahn im Harz, bekommt man herrliche Einblicke in die Landschaft.

Zweifellos gehört das wildromantische Selketal zu einer der schönsten Regionen im Harz. Das malerische Landschaftsbild ist geprägt von naturnahen Laubwäldern, Wiesenflächen, Bachläufen, Teichen und teils schroffen Felsen. Die reizvolle Landschaft bietet ein breites Spektrum an Aktivitäten für Jung und Alt. Hartgesottene Wanderer durchqueren das Tal auf dem 67 Kilometer langen Selketalstieg von Stiege bis zur Weltkulturerbestadt Quedlinburg. In den Ortschaften entlang der Route findet man zahlreiche Übernachtungs- und Einkehrmöglichkeiten.

Wer müde ist, nimmt einfach in die traditionsreiche Selketalbahn und fährt ein Stück mit. Die Bahn legte den Grundstein für die Harzer Schmalspurbahn. Mit der Eröffnung des Streckenabschnitts Gernrode bis Mägdesprung im Jahr 1887 trug sie maßgeblich an der touristischen Erschließung des Selketals bei. Heute handelt es sich um den schönsten Abschnitt des Streckennetzes der Harzer Schmalspurbahn und ist ein echter Geheimtipp für Romantiker und Naturliebhaber. In teils abenteuerlicher Schienenführung windet sich die Bahn durch enge Kurven, an schroffen Felsen vorbei und gibt dann wieder plötzlich den Blick auf blühende Wiesen frei.

Die klimatischen Verhältnisse, bedingt durch die niedrige Lage und die Nähe zum warmen nördlichen Harzer Vorland, bieten beste Bedingungen für wärmeliebende Pflanzen. Auch viele seltene Tierarten wie Wildkatze, Muffelwild und seltene Fledermausarten sind hier zu beobachten. Das Tal ist außerdem Ver-

Selkebahn

Wildromantische Selke

breitungsschwerpunkt für die größte bekannte baumbrütende Mauerseglerpopulation Deutschlands. Im 660 Hektar großen Landschaftsschutzgebiet finden sich fast 50 unterschiedliche Biotoptypen, von denen 35 auf der roten Liste geführt werden. Die Natur hier ist noch intakt, aber die hohe Dichte an Wildtieren führt stellenweise zu Beeinträchtigungen der Bodenvegetation. Mittlerweile sind 170 Hektar des Gebiets als Totalreservat ausgewiesen, das bietet dem Wild ausreichend ungestörte Rückzugsmöglichkeiten.

Öffnungszeiten:
Alle Wanderwege sind rund um die Uhr begehbar.
Eintritt:
kostenlos

Ein kulinarisches Juwel ist der Selketaler Waldgasthof in Mägdesprung. Seit 2010 werden hier vegetarische und vegane Speisen in altem Gemäuer serviert. Die Betreiber wollten ein Zeichen setzten: Aus Respekt vor allen Tieren dieser Welt und der Natur wird hier besonders großer Wert auf Nachhaltigkeit gesetzt. Es gibt keine Mikrowelle, der Strom kommt aus Solarzellen, und im Garten wurde auf das Anlegen von Blumenbeeten verzichtet, damit sich die Natur frei entfalten kann. Die 1857 erbaute Scheune wurde mit viel Liebe zum Detail gemütlich eingerichtet. Ein Wintergarten bietet einen tollen Panoramablick über das Tal und im Café-Garten ist man umgeben von blühenden Wildblumen und Libellen. Wer gerne länger bleiben möchte, kann im Ferienzimmer oder in der Ferienwohnung mit Schlafboden einchecken. Mägdesprung eignet sich gut als Ausgangspunkt, um die Umgebung zu erkunden. Besonders im Frühjahr, wenn die Wildblumen blühen, und im Herbst, wenn die Laubfärbung die dichten Wälder in magisches Licht taucht, lohnt ein Besuch im ursprünglichen Selketal. Durch die Vielzahl an Aktivitäten, die in den verschiedenen Ortschaften geboten wird, kommt mit Sicherheit keine Langeweile auf.

Lage: Das Selketal liegt im Landkreis Harz in Sachsen-Anhalt unweit der Stadt Falkenstein. Waldgasthof: Vierter Hammer 33, 06493 Harzgerode OT Mägdesprung

Anfahrt:
- Über die A36, Abfahrt Aschersleben, weiter auf der B185 Richtung Falkenstein, Ballenstedt durch das Obere Selketal bis Mägdesprung
- Aus dem Oberharz oder dem Mansfelder Land über die B242/Harzgerode, Abfahrt Mägdesprung auf die B185
- Von Mägdesprung erreicht man den Gasthof nach drei Kilometern Fußmarsch über den Selketalstieg.

Anreise mit dem Bus: Mägdesprung erreicht man mit der Linie 242 der Harzer Verkehrsbetriebe ab Quedlinburg; *hvb-harz.de*

Website: *harz-ferienwohnungen.com*

HINWEIS: Im Waldgasthof sind Hunde in den Gasträumen und auf der Außenterrasse verboten. Es gibt eine „Hundetankstelle" wo die Vierbeiner warten können.

38 Ferienpark Merpelbach

ICH GLAUB, MICH KNUTSCHT EIN ELCH!

Bei der Ankunft in Friedrichsbrunn erahnt man nicht, was einen ein paar Kilometer weiter erwartet. Bei einer holprigen Fahrt über einen Waldweg fragt man sich, ob man sich vielleicht doch verfahren hat, aber nach etwa zwei Kilometern steht man plötzlich doch vor der wunderbaren Ferienanlage.

Im beschaulichen Friedrichsbrunn im Oberharz lässt ein Ort die Herzen von Naturliebhabern höherschlagen. Fernab vom Alltagsstress kann man hier herrlich entspannen, durch die Harzer Natur wandern, im größten Blockhausrestaurant der Welt köstlich essen und ... einen Elch knutschen. Ein einzigartiges Abenteuer für die ganze Familie.

Das Kleinod überzeugt nicht allein durch die isolierte Lage mitten im Wald, sondern durch das durchdachte Konzept. Auf 50.000 Quadratmetern herrlicher Natur bieten gemütliche Ferienhäuser im Blockhausstil Platz für zwei bis 15 Personen. Im größten Blockhausrestaurant der Welt werden köstliche Speisen serviert, mitunter das wohl beste Steak im Harz. Hier wird ausschließlich qualitativ sehr hochwertiges Fleisch vom Harzer Höhenvieh oder von deutschen Färsen, das mindestens sechs Wochen im Reifeschrank gereift ist und dabei ein ganz spezielles Aroma entwickelt hat, verwendet . Das Steak zergeht förmlich auf der Zunge und schmeckt am besten mit einem Krug Elch-Bräu. Forellen werden im Wasser der sich auf dem Grundstück befindlichen Quelle herangezogen und kommen ganz frisch auf den Tisch.

Nach dem Essen lohnt sich ein Spaziergang über das weitläufige Gelände. Hier gibt es viel zu entdecken, und spätestens wenn man das Elchgehege betritt und die riesigen Tiere ganz nahe kommen, fühlt man sich wie im hohen Norden. Auf einer Führung erfährt man Interessantes über die Elche und, wenn die Situation es erlaubt, darf einer der Teil-

Morgenstimmung im Elchgehege

nehmer sogar mal Probesitzen. Die Tiere sind von dem Spektakel weitaus weniger beeindruckt als die Besucher. Sie vermitteln Ruhe und Harmonie, ein Besuch hat fast therapeutischen Wert.

Kaum zu glauben, dass es sich bei den schwedischen Elchen um die kleinste Elchart handelt, wenn man so neben ihnen steht und sie auf einen herunterblicken. Sofort merkt man, dass sie sich hier wohl fühlen. Liebevoll kümmert sich die ganze Betreiber-Familie um die „kleinen Schweden".

Auch um die Tagesbesucher und Übernachtungsgäste wird sich bestens gekümmert. Familie Merkelbach ist immer da und irgendwie fühlt man sich sofort, als würde man sie schon ewig kennen: „Es ist wichtig, dass sich unsere Gäste wie zu Hause fühlen". Dass dies bei den Gästen

Molly und ein Jungtier

Kaum ein Hindernis ist zu hoch.

der Fall ist, bestätigen auch die vielen treuen Stammgäste, die seit Jahren immer wieder kommen.

Besonderen Wert legt man hier auch auf Nachhaltigkeit. Auf den Dächern der Häuser befinden sich große Solarzellen, um Strom zu erzeugen. Im Inneren sorgen neueste Holzpellet-Kamine für ein angenehmes Raumklima und warmes Wasser. Außerdem steht den Übernachtungsgästen eine E-Tankstelle kostenlos zur Verfügung. Tagesbesucher bezahlen eine einmalige Pauschale von zehn Euro. Gerne erläutert der Inhaber seine Ideale und wie er diese in der ganzen Ferienanlage umsetzt. Respekt vor der Natur steht hier an erste Stelle! Dies und der Zusammenhalt der ganzen Familie sind der Erfolgsgarant für das kleine Ferienidyll.

Außer dem Elchgehege gibt es einen Spielplatz für die Kleinen. Zahlreiche Wanderwege befinden sich direkt vor der Tür, wie auch der Loipen-Einstieg. Zwei wunderschön gelegene Angelteiche befinden sich in unmittelbarer Umgebung und sind fußläufig zu erreichen. Neben der Ruhe und Entspannung findet man hier unzählige Möglichkeiten für sport-

Öffnungszeiten: ganzjährig; Führungen zu den Elchen täglich 12 und 16 Uhr; außerhalb der Führungszeiten ist keine Besichtigung möglich; Tel. 039487 7530, *info@ostharz.de*

Eintritt: Erwachsene 6 EUR, Kinder 5 EUR; bei Verzehr im Blockhausrestaurant werden 2 EUR vom Eintrittspreis verrechnet.

Schnupperangebote Übernachtung: ab 14,60 pro Person pro Tag bei Belegung mit zwei Personen

liche Aktivitäten. Diverse Harzer Sehenswürdigkeiten wie der Hexentanzplatz Thale, Stolberg oder das Kyffhäuser Denkmal sind ebenfalls nur einen Katzensprung entfernt.

Diese Ferienanlage ist eine absolute Einzigartigkeit in der ganzen Region, und man sollte mindestens einen Tagesausflug hier her einplanen, wo sonst wird man im Harz von einem Elch geknutscht!?

Ich glaub mich knutscht ein Elch!

Info

Lage: Der Ferienpark Merkelbach liegt inmitten der Wälder zwischen Thale und Harzgerode im Ort Friedrichsbrunn; Am Bergrat Müllerteich, 06502 Thale OT Friedrichsbrunn

Anfahrt:
- In Friedrichsbrunn von der Hauptstraße auf die Beckstraße abbiegen. Bis zum Waldrand fahren und im Wald der Telefonleitung bis zum Ferienpark folgen. Schilder weisen den Weg.
- Wer mit dem Bus bis nach Friedrichsbrunn fährt, erreicht die Anlage fußläufig nach etwa 2,5 Kilometern.

Website: *ostharz.de*

HINWEISE:
- Hunde sind erlaubt, müssen aber bei Buchung angegeben werden.
- Der Zugang zum Elchgehege ist nur durch die Ferienanlage möglich.
- Die Besichtigung der Elche für Tagesgäste ist ausnahmslos nur während der Führungen möglich.

Südharz

Idyllische Rhumequelle

Südharz

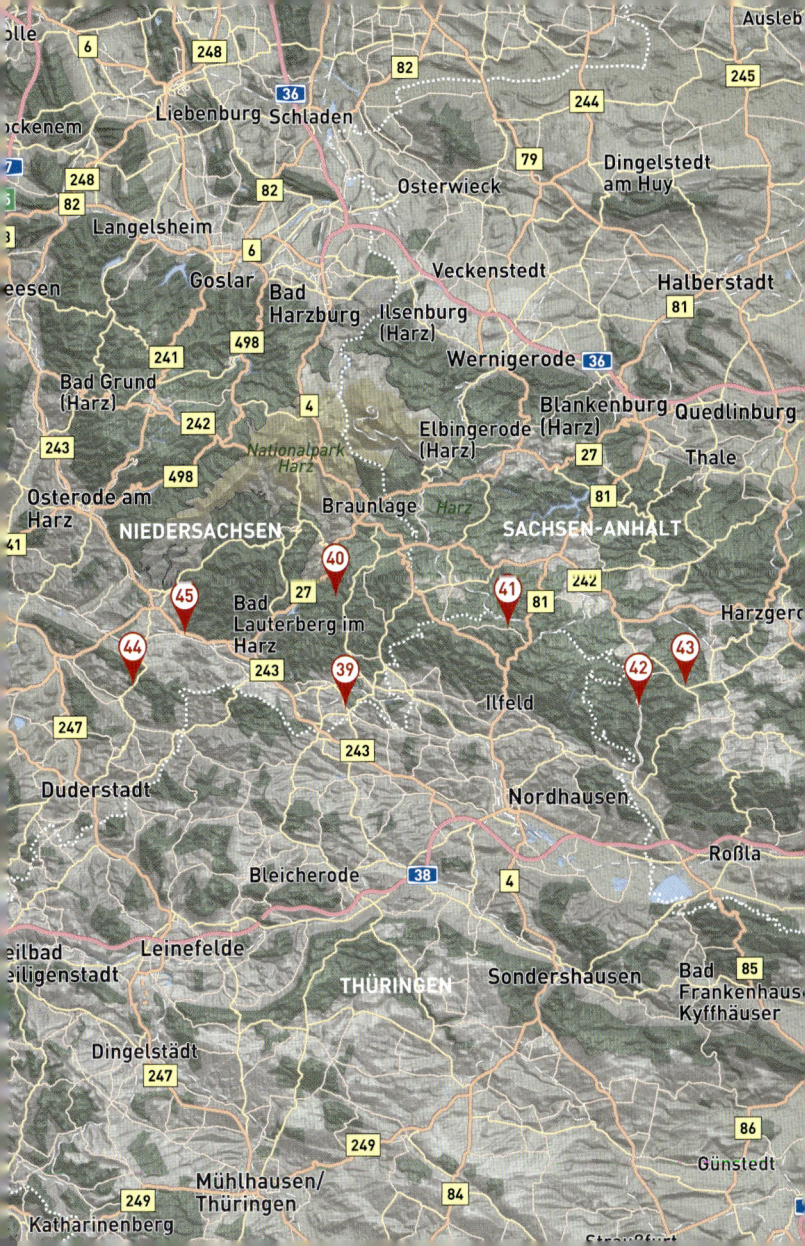

MIT BLICK AUF DEN SACHSENSTEIN

Der kleine Ort Neuhof im Südosten von Bad Sachsa liegt direkt am Gipskarstgebiet und ist ein hervorragender Ausgangspunkt für Wanderungen in den Südharz. Der Naturlehrpfad am Kranichteich in Kombination mit dem Panoramaweg bietet abwechslungsreiche Einblicke in die Natur und schöne Ausblicke in die Umgebung.

Die Kranichteiche wurden im 12. Jahrhundert von den Mönchen des Zisterzienserklosters Walkenried angelegt. Heute sind sie aufgrund ihrer Artenvielfalt wichtiger Bestandteil des Naturschutzgebiets Gipskarstgebiet bei Bad Sachsa.

Großes Insektenhotel

Vom Parkplatz an den Teichen starten zahlreiche Wanderungen. Große Informationstafeln geben Aufschluss über die zahlreichen Wege und Ziele. Zunächst folgt man der Beschilderung des Naturlehrpfads um den oberen und unteren Kranichteich. Einige Bänke am Rand der Teiche laden zum Verweilen ein. Hier kann man die vielen Wasservögel beobachten, und mit etwas Geduld und Glück bekommt man hier auch die scheue Rohrweihe zu Gesicht. Verschiedene Info-Schilder am Wegesrand erklären die unterschiedlichen Baumarten und weisen auf hier lebende Frösche, Molche und in den Teichen vorkommende Fische hin. Die Frösche und Molche lassen sich sehr gut in den kleinen Zu- und Ablaufgräben der Teiche beobachten. Weitere Highlights am Wegesrand sind das große Wildbienenhotel, der historische Gipsbrennofen, der alte Steinbruch Kranichstein und das Naturdenkmal Priesterstein, eine flache Höhle im Gipsgestein.

Der Naturlehrpfad ist eigentlich ein Rundwanderweg um die Teiche, lässt sich aber wunderbar mit dem Panoramaweg kombinieren. Die ersten 700 Meter führen stetig leicht bergan. Oben angekommen wird man mit einem schönen Blick auf die umliegende Region belohnt. Bei gutem Wetter kann man sogar das Kyffhäuser Denkmal sehen. Den Feldweg säumen Obstbäume und Sträucher, von denen man herrlich naschen kann. An der Gabelung biegt man rechts ab und folgt dem Weg bis in den Ort

Historische Köhlerhütte

Öffnungszeiten: Alle
Wanderwege sind rund um die
Uhr frei zugänglich.

Weitere Aktivitäten:

- Greifvogelpark und Märchengrund
  Bad Sachsa: *harzfalkenhof.hpage.com*
- Grenzlandmuseum Tettenborn:
  grenzlandmuseum-badsachsa.de
- Harzer Kerzenwerkstatt Bad Sachsa:
  harzer-kerzenwerkstatt.de
- Kloster Walkenried: *kloster-walkenried.de*
- Erlebnis- und Spaßbad Salztalparadies:
  salztal-paradies.de
- Skizentrum, Rodelbahn, Langlaufloipe:
  *bad-sachsa.de/natur-aktiv/wintersport/
  skifahren*
- Minigolfanlage und Bootsverleih: *bad-sachsa.de/natur-aktiv/
  spiel-sport/minigolf*

und vorbei am Bahnhof Neuhof. Den lässt man rechts
liegen und geht über die
Siedlungsstraße bis an die
Hauptstraße (Lange Straße).
Von hier aus hat man nochmals einen wunderbaren
Blick auf den markanten
Sachsenstein. Es handelt
sich um ein 260 Millionen
Jahre altes Bergmassiv aus
dem Erdzeitalter des Perms.
Rechts führt ein kleiner Pfad
Richtung Sportanlagen am
Bachlauf entlang. Vorbei an
einigen Pferdekoppeln, erreicht
man die historische Köhlerhütte. Gegenüber befindet
sich ein großer Spielplatz
und einige Sitzgelegen-
heiten – für die Kinder
zum Toben oder für
ein Picknick nach der
Wanderung. Von hier
aus ist man nach
wenigen Minuten
zurück am Park-
platz. Angelfreunde
können ihr Glück in
den Teichen versuchen.
Tageskarten gibt es für
7,50 Euro zu erwerben.

Wer noch nicht genug hat von
der wunderbaren Landschaft,
die hauptsächlich von den Natur-

schutzgebieten Priorteich Sachsenstein und Gipskarstlandschaft Bad Sachsa/Walkenried geprägt ist, dem empfiehlt sich die Wanderung auf dem insgesamt 233 Kilometer langen Karstwanderweg von Osterode bis Pölsfeld/Sangerhausen.

Neuhof mit Sachsenstein

Info

Lage: Neuhof liegt ca. einen Kilometer von Bad Sachsa entfernt. Der Parkplatz am Dorfgemeinschaftshaus ist ausgeschildert; Am Kranichteich 9, 37441 Bad Sachsa OT Neuhof

Anfahrt: von Herzberg am Harz über die B27 Richtung Bad Lauterberg, auf die B243 rechts abbiegen, nach etwa 7,5 Kilometern links Richtung Bad Sachsa und weiter zum Ortsteil Neuhof

Anreise mit der Bahn: Verschiedene Verbindungen gehen nach Bad Sachsa oder direkt zum Bahnhof Neuhof.

Website: *bad-sachsa.de*

HINWEISE:
- Der Rundwanderweg Kranichteiche (1,8 Kilometer) ist nicht barrierefrei.
- Der Panoramapfad (4,5 Kilometer) ist barrierefrei, aber teils sind Steigungen zu bewältigen. Eine Begleitperson für Rollstuhlfahrer wird benötigt.
- Angel-Tages-Karten erhältlich bei Familie Ernst unter Tel. 05525 209864

WALDGASTHOF MIT WILDTIERFÜTTERUNG

Am Fuß des Berges Stöberhai liegt mitten im Wald ein wahres Juwel der Gastlichkeit. Bis in die 1960er-Jahre war die Waldgaststätte eine Station der Südharzeisenbahn auf der Strecke von Walkenried nach Braunlage. Heute kann man hier wunderbar speisen – in sehr wilder Gesellschaft.

Der Stöberhai – mit 720 Metern die höchste Erhebung im Südharz –liegt im Landschaftsschutzgebiet im Landkreis Göttingen. Bis 1963 fuhr hier die Schmalspurbahn Südharz und brachte „Sommerfremde" in das Waldgebiet um den Berg. Nach Schließung der Strecke wurde der alte Bahnhof weiterhin als Ausflugsgaststätte genutzt. Heute steht der Name Stöberhai für mehr als 130 Jahre Eisenbahngeschichte und gepflegte Harzer Gastronomie. Durch die Lage direkt am 100 Kilometer langen Harzer Baudenstieg, trifft man hier meistens Wanderer an. Der Baudenstieg verbindet

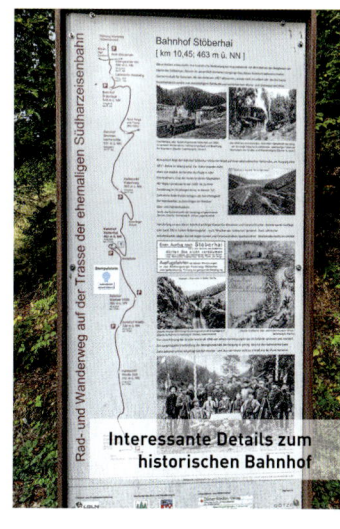

Rad- und Wanderweg auf der Trasse der ehemaligen Südharzelseisenbahn

Interessante Details zum historischen Bahnhof

schöne Berg- und Waldgaststätten im Südharz und bietet so ein Wandererlebnis mit herrlichen Einkehrmöglichkeiten.

Heimelige Atmosphäre in der Gaststube mit Blick auf die Wildtiere beim Fressen

Fuchs zu Besuch

Aber auch eine Anfahrt mit dem Auto ist möglich. Ein gut ausgebauter Forstweg führt direkt bis zur Gaststätte. Bitte langsam fahren, denn hier können schon mal Tiere auf der Straße auftauchen. Waldluft schnuppern und die herrliche Natur genießen kann man bei einer kleinen Wanderung vom Parkplatz an der Hauptstraße bis zum Gasthof, den man nach etwa 25 Minuten erreicht. Von der großen Terrasse lassen sich viele Wildtiere beobachten, die im Gelände umherstreifen. Es ist keine Seltenheit, wenn plötzlich ein Fuchs über die Terrasse läuft, um aus dem Hundenapf zu trinken.

Falls es abends kühler wird, bietet der gemütliche und rustikale Gastraum genügend Platz. Große Fenster gewähren den Blick auf die gegenüberliegende Futterstation, wo täglich eine Wildtierfütterung stattfindet. Jeder wartet gespannt, bis der erste Hirsch auftaucht. Die imposanten Tiere kommen in Scharen. Auch die Wildschweine erscheinen, und die flinken Füchse und Waschbären versuchen auch etwas zu stibitzen. Manchmal geht es ziemlich wild zu, wenn die Wildschweine die frechen Waschbären und Füchse von den Futtertrögen wegjagen.

Öffnungszeiten: Montag und Dienstag geschlossen, Mittwoch bis Freitag 16 bis 20:30 Uhr, Samstag und Sonntag 12 bis 20:30 Uhr; Öffnungszeiten können abweichen, besser vorher anrufen, Tel. 01511 4972265 **Eintritt:** kostenlos; Spenden für das Futter für die Wildtiere werden gerne genommen.

Natürlich handelt es sich um Wildtiere und so gibt es keine Garantie für ihr Erscheinen. Es kommt aber nur sehr selten vor, dass man hier keine Tiere sieht: Wenn eine Jagd stattfindet oder während der

Brunftzeit ziehen sie sich zurück. Besonders beeindruckend ist die Beobachtung, wenn im Frühjahr die Wildschweinmütter mit ihren Frischlingen kommen.

Die außergewöhnlich schöne Lage inmitten der wunderbaren Natur an einem historischen Ort, die Gastfreundschaft und die bodenständige, frische Küche sind Garant für einen Ausflug, an den man sich immer gerne erinnert, wenn man an den Harz denkt.

Hier wartet schon jemand auf die Fütterung.

Info

Lage: Unweit der Ortschaft Wieda zwischen Walkenried und Braunlage im Landkreis Göttingen befindet sich die Ausflugsgaststätte mitten im Wald; Waldhaus 1, 37447 Wieda , GPS: 51.661998, 10.575661

Anfahrt: Über die L601/Stahlhaistraße, die Verbindungsstraße zwischen der L600 aus Richtung Zorge kommend zur B4 nach Hohegeiß und Sorge. Schilder am Straßenrand weisen auf die Ausfahrt/Parkplatz zum Gasthof hin.

Website: *harzinfo.de/erlebnisse/kulinarische-erlebnisse/ gastro/waldgasthaus-bahnhof-stoeberhai*

HINWEISE:
- Wildtierfütterung täglich mit Einbruch der Dämmerung.
- Reservierung am Wochenende ist empfehlenswert.
- Manchmal gibt es Straßensperrungen im dem Gebiet wegen Jagdbetriebs; *landesforsten.de*

41 Ziegenalm Sophienhof

WO DIE NATUR ZU HAUSE IST

Auf dem Sophienhof wird man ein bisschen in die Kindheit zurückversetzt – das ganze Anwesen erinnert an Johann Spyris Buch „Heidi". Die blühenden Wiesen, der Blick über die Wälder, die lachenden Kinder, die mit dem Hofhund spielen, die Glocken der Ziegen und die schnatternden Enten auf dem Dorfteich sowie all die anderen Tiere zaubern eine märchenhafte Atmosphäre.

In idyllischer Alleinlage auf einem Hochwiesen-Plateau liegt umgeben von Wald und Bachläufen die Ziegenalm Sophienhof. 120 Harzziegen liefern hier die Milch für die hofeigene Käserei. Die angeschlossene Gaststätte und der Hofladen bieten weitere Leckereien aus eigener Produktion.

Der Landwirtschaftsbetrieb bewirtschaftet über 100 Hektar Grünland. Davon liegen viele Flächen an Steilhängen und lassen sich deshalb nur schwer mit Maschinen bewirtschaften. Der Hof hat daher Damwild angeschafft, das diese Flächen nutzt. Direkt neben dem Hof stehen den Ziegen von April bis November rund 15 Hektar Weidefläche zur Verfügung. Im Winter werden sie in großen, hellen Ställen auf Stroh untergebracht. Zweimal täglich wird gemolken und die Milch in der hofeigenen Käserei verarbeitet. Im Hofladen gibt es ein breites Sortiment an Käse- und Wurstspezialitäten sowie Honig und Apfelsaft aus eigener Produktion und Kunsthandwerk von regionalen Künstlern.

Die Zucht der Tiere sichert die Versorgung der Gäste: mehr als 100 niedliche Heidschnucken, Kühe der Rasse Tiroler Grauvieh, mehr als 200 Hühner, die über die Wiesen toben, und Schweine, die mit der anfallenden Molke und Getreideschrot gefüttert werden. Aus ihrem Fleisch werden regionale Thüringer Wurstspezialitäten hergestellt. Schlachtung und Verarbeitung erfolgt direkt am Hof nach traditionellen Verfahren.

Verschmuste Ziegen

Bei einer geführten Hofbesichtigung mit Verkostung bekommt man einen guten Einblick in den Betriebsablauf und erlebt die Tiere hautnah. Wenn dann der kleine Hunger kommt, kann man in der Almstube mit rustikaler Gemütlichkeit einkehren. Im

Prächtige Blumen am Hof

Käseherstellung

Sommer lädt die Terrasse mit Blick auf die Ziegen zum Verzehr der hofeigenen Produkte ein. Das Ziegeneis, das nach einem alten Hausrezept gefertigt wird, sollte man sich nicht entgehen lassen. Auch das täglich frisch zubereitete Kuchensortiment macht Leckermäuler glücklich.

Die Übernachtungsgäste haben hier die Möglichkeit Stallluft zu schnuppern und können bei der täglichen Arbeit unterstützen. Besonders Kinder sind begeistert, wenn sie bei der Fütterung helfen und die kleinen Lämmer beim Toben beobachten dürfen. Die verschiedenen Ferienwohnungen und Ferienhäuser bieten Platz für bis zu 15 Personen – Ferien auf dem Bauernhof inmitten der Harzer Natur. Die direkte Umgebung eignet sich perfekt zum Fahrradfahren und Wandern.

Öffnungszeiten: unter *ziegenalm.de*
Führungen: ohne Voranmeldung: von Mai bis Oktober jeden ersten und dritten Samstag im Monat 15 Uhr
Eintritt/Hofbesichtigung: Erwachsene und Jugendliche ab 16 Jahre 4 EUR, Kinder (6 bis 16 Jahre) 1,50 EUR
Weitere Aktivitäten:
- Harzquerbahn: *hsb-wr.de/ Fahrplan-Tarife/Streckennetz/ Harzquerbahn*
- Nordhäuser Brennerei: *traditionsbrennerei.de*

Der Sophienhof ist Mitglied der Non-Profit-Organisation Slow Food Deutschland, die sich für ein zukunftsfähiges Lebensmittelsystem einsetzt: Erhalt der bäuerlichen Landwirtschaft, artgerechte Tierzucht- und Haltung, faire Entlohnung für Erzeuger und die Wertschätzung von Lebensmitteln. Ein Konzept, das auf der Ziegenalm perfekt umgesetzt wird.

Leckereien im Hofladen

Info

Lage: Sophienhof liegt im Landschafts-schutzgebiet Südharz in Thüringen im Landkreis Nordhausen. Die abgelegene Waldsiedlung ist ausschließlich über Nebenstraßen zu erreichen; Sophien-hof 30, 99768 Harztor

Anfahrt: Von der A36/B6n aus Richtung Wernigerode, Blankenburg, Quedlinburg Richtung Hasselfelde über die B81 bis K1 in Harztor. Dann auf K1 (Beschilderung be-achten!) abbiegen und ca. drei Kilometer bis Dorfstraße/Sophienhof folgen.

Website: *ziegenalm.de*

HINWEISE:
- Hunde müssen an der Leine geführt werden.
- Das Gelände ist barrierefrei.
- Die Mithilfe im Stall ist den Übernachtungsgästen vorbehalten.
- Weitere Slow Food Partner im Harz: *slowfood.de/slow_food_vor_ort/harz*

DIE ERSTE HISTORISCHE EUROPASTADT DEUTSCHLANDS

Malerisch eingebettet in eine Bilderbuchlandschaft von vier Tälern liegt die kleine mittelalterliche Fachwerkstadt Stolberg im Südharz. Der Geburtsort von Thomas Müntzer wurde 1993 zur ersten historischen Europastadt Deutschlands ernannt. Den beliebten Kur- und Erholungsort kann man herrlich bei einem entspannten Spaziergang erkunden.

Über die Gründung des Ortes gibt es keinerlei Aufzeichnungen. Fest steht aber, dass es sich um einen der ältesten Orte im Südharz handelt. Aufzeichnungen zufolge wurde in der Region bereits um 794, lange bevor die Stadt ihren Namen erhielt, Erzabbau betrieben. Erste urkundliche Erwähnungen des Ortes Stolberg stammen aus dem Jahr 1157.

Das mächtige Schloss, das heute auf einem Felssporn über der Stadt thront, wurde erstmals im 10. Jahrhundert erwähnt. Von 1201 bis 1945 residierten die Grafen bzw. die Fürsten zu Stolberg in dem Schloss. Nach vielen Umbau- und Sanierungsarbeiten ist es seit 2008 wie-

Thomas-Müntzer-Denkmal vor dem Rathaus

der für die Öffentlichkeit zugänglich. Die Besucher erwarten zwei Renaissance- und ein barocker Flügel. Wunderschöne Stuckdecken zieren die Decken. Der rote Saal wurde nach dem bekannten Berliner Architekten Karl Friedrich Schinkel eingerichtet. Er war es, der 1832 mit dem Entwurf für das Josephskreuz von Graf Joseph zu Stolberg-Stolberg beauftragt wurde.

Das Stadtbild ist geprägt von 380 individuell gestalteten Fachwerkhäusern aus verschiedenen Jahrhunderten. Bei der Mehrzahl handelt es sich um zwei- und dreigeschossige Traufenhäuser aus dem 17. und 18. Jahrhundert. Beim Gang durch die engen und verwinkelten Gassen entdeckt man an den Häuserfronten alte Schnitzereien in den dicken Balken, Gedenktafeln und besondere Verzierungen, die auf die Geschichte der Häuser hinweisen.

Der legendäre Anführer des Bauernkriegs (1524 bis 1525) in Thüringen, Thomas Müntzer, wurde um 1489 in Stolberg geboren. Heute erinnert ein Denkmal vor dem Rathaus an ihn. Auch das im Jahr 1452 erbaute Rathaus selbst ist eine Sehenswürdigkeit und

Rathaus

gilt als Kuriosum der Architektur: Es ist das einzige dreigeschossige Rathaus – ohne Innentreppe! Die drei Etagen sind lediglich über die breite Außentreppe begehbar.

Ursprünglich hatte das Rathaus so viele Türen wie Monate (zwölf), so viele Fenster wie Wochen (52) und so viele Fensterscheiben wie Tage (365). Heute sind es 53 Fenster mit je acht Scheiben. Kunstvoll gemalte Innungszeichen zieren den prächtigen Fachwerkbau. Die Sonnenuhr entstand 1724, und seit dieser Zeit wird das Gebäude auch als Rathaus genutzt.

Gegenüber dem Rathaus befindet sich der 30 Meter hohe Saigerturm, der zur Befestigungsanlage der Burg gehörte. Gleich daneben war die alte Post, an die nur noch der blaue Briefkasten erinnert. Das Gebäude selbst wurde zu großzügigen Ferienwohnungen umgebaut. Die alte Posthalterei hingegen repräsentiert noch heute die ehrwürdige Tradition.

Auf einer Zeitreise mit zwei PS in einer traditionellen Postkutsche über die alte Harzer Poststraße kann man herrlich entschleunigen Eintages- und Mehrtagesfahrten durch den Südharz sowie Ausfahrten zum Naturschaupiel „Zug der Kraniche" werden hier angeboten. Entlang der Niedergasse gibt es viel zu sehen, eine kleine Gedenktafel erinnert an das Geburtshaus von Müntzer, das einem Brand zum Opfer fiel. Die Touristen-Information befindet sich unmittelbar neben dem Museum Alte Münze. In der Konditorei und Confiserie Friwi, ein paar Schritte weiter, werden in liebevoller Handarbeit frisch zubereitete Torten- und Kuchenspezialitäten angeboten. Ein märchenhaftes Erlebnis garantiert das Anderswelt Theater. KULTURvoll SPEISEN lautet das

Saigerturm

Alter Briefkasten

Mit der Postkutsche kann man sich gemütlich durch Stolberg fahren lassen.

erfolgreiche Konzept, bei dem maximal 40 Gäste zu Mitwirkenden in Geschichten wie Frau Holle oder Aschenputtel werden. Das älteste noch erhaltene Haus (um 1450) der Stadt befindet sich in der Rittergasse 14 und ist museal erschlossen. Das kleine Bürgerhaus wurde, so sagt man, einst von 14 Personen zur gleichen Zeit bewohnt.

Um die Stadt ausführlich zu erkunden, sollte man sich zwei Tage Zeit nehmen. Wer nicht soviel Zeit mitbringt, kann an einer ca. zweistündigen, geführten Tour teilnehmen. Eine andere Möglichkeit ist folgende Tour in Eigenregie, die in kurzer Zeit zu den wichtigsten Sehenswürdigkeiten führt: Von der „Alten Münze" in der Niedergasse geht man über den Marktplatz rechts vorbei am

Rathaus die breite Treppe hinauf bis zur Stadtkirche St. Martini, in der 1525 Martin Luther predigte. Weiter die Treppen hinauf gelangt man zum Wohnhaus von Johann Gottfried Schnabel. Von hier aus wendet man sich links über die Schlosstreppe bis hinauf zum Schloss. Diese Tour verschafft einen guten ersten Eindruck von der Stadt und bietet schöne Ausblicke auf die Umgebung.

Wer einmal die klare Luft in Stolberg atmet, die Ruhe der unberührten Natur genießt und das einzigartige Stadtbild sieht, verfällt dem Charme des Ortes sehr schnell. Das fanden auch zahlreiche Besucher, die den Ort bei einer Online-Abstimmung (Travelbook), zum schönsten Dorf Deutschlands 2019 wählten.

Lage: Stolberg liegt unweit von Breitenstein im Südharz in Sachsen-Anhalt, an der Deutschen Fachwerkstraße und an der Oranier-Route.

Anfahrt: Die Südharzautobahn A38 ist die schnellste Möglichkeit um Stolberg zu erreichen. Von der A14 über Abfahrt Plötzkau/Sandersleben/Hettstedt auf die B242 Richtung Harzgerode, oder ab Bernburg auf die B6n/A36 Richtung Harz, dann Abfahrt Aschersleben weiter über B185 nach Ballenstedt/Harzgerode/Neudorf bis Stolberg. Oder Abfahrt Quedlinburg auf der L243 Richtung Gernrode/Harzgerode/Neudorf bis Stolberg.

Anreise mit Bus und Bahn: Stolberg bietet direkten Anschluss an das regionale Bahnnetz sowie das Bahn-Bus-Landnetz Sachsen-Anhalt. Regionale Buslinien können mit dem HATIX teilweise kostenfrei genutzt werden.

Website: *stadt-stolberg.de*

HINWEIS: Das Parken im gesamten Stadtgebiet ist verboten. Öffentliche, teils kostenpflichtige Parkplätze unweit des Marktplatzes bieten ausreichend Platz, der Beschilderung folgen.

43 Josephskreuz

DAS GRÖSSTE EISERNE DOPPELKREUZ DER WELT

Auf dem 580 Meter hohen Auerberg, unweit der Fachwerkstadt Stolberg, steht eines der bedeutendsten technischen Bauwerke des 19. Jahrhunderts. 200 Stufen führen auf die Aussichtsplattform des 38 Meter hohen Stahlbauwerks. Oben angekommen wird man belohnt mit einer spektakulären Aussicht über die Region – oder sogar mit einem Diamanten.

Mehrere Wanderwege führen auf den Gipfel des Auerbergs, auf dem sich das massive Bauwerk erhebt und weit über die Baumkronen ragt. Am einfachsten erreicht man das Kreuz über den befestigten Waldweg, der am Parkplatz am Forsthaus Auerberg startet. Zwanzig Minuten lang führt die Strecke etwa 1,2 Kilometer fast stetig bergauf. Erst kurz vor Erreichen des Gipfels sieht man das beeindruckende Stahlkonstrukt durch den dichten Wald blitzen.

Urkundlichen Erwähnungen zufolge befand sich bereits im 17. Jahrhundert hier ein Aussichtsturm. Laut einer Sage zogen eines Tages Männer auf den Gipfel und trieben unterirdische Gänge in den Berge. Durch die Unterhöhlung stürzte der hölzerne Turm kurz darauf ein. Die Realität war ein bisschen anders. Durch Verwitterung wurde das Holz morsch und musste im Jahr 1768 aus Sicherheitsgründen schlichtweg abgerissen werden. Im Jahr 1833 wurde unter Anweisung von Graf Joseph zu Stolberg ein neuer Turm in Form eines gotischen Doppelkreuzes erbaut. Auf einer Höhe von 26 Metern wurden 365 Eichenbalken aus dem Stolberger Forst verbaut. Zum Geburtstag des Grafen am 21. Juni 1834 feierte man eine große Einweihung und benannte das Kreuz ihm zu Ehren nach ihm. Leider fiel es 1880 einem Blitzschlag zum Opfer und brannte fast gänzlich ab. 1886 wurde der Harzklubverein gegründet, der den Neuaufbau vorantrieb, der 1895 begonnen wurde. Die neue Konstruktion entspricht in ihrer Bauweise dem Pariser Eiffelturm. 2460 Zentner verteilt auf 38 Metern werden von 100.000 Nieten zusammengehalten – 250 Kilogramm Stahl pro Quadratmeter schmeißt auch der stärkste Harzsturm nicht um. Im Jahr 2003 wurde nach umfangreichen Restaurierungsarbeiten die ursprüngliche Fassung von 1896 wiederhergestellt, 2004 feierlich wurde der Turm neueröffnet und bietet seinen Besuchern seither einen atemberaubenden Blick über den Harz und die Kyffhäuserregion.

Neben dem befestigten Weg kann man beispielsweise auch auf dem 1993 eröffneten Lieder-Wanderweg zum Turm gelangen.

Station am Liederwanderweg

Startpunkt ist das Naturressort Schindelbruch. Am Wegesrand findet man 14 Liederstationen vor, wo volkstümliche Texte zum Thema Wandern zum Trällern einladen. Ein weiterer Pfad, der neben der kleinen Hütte am Parkplatz beginnt, führt ziemlich steil und über Wurzeln und Steine hinauf. Nach etwa 30 Minuten erreicht man das Kreuz. Mit etwas Glück findet man einen der nur hier vorkommenden Auerberg-Diamanten. Die winzigen, fünf bis acht Millimeter kleinen Bergkristallteilchen sind nicht leicht zu entdecken, aber umso größer ist die Freude, wenn man zum stolzen Finder wird. Am Fuß des Kreuzes kann man sich im gemütlichen Berg-stüb´l Josephshöhe stärken. Auch finden regelmäßig zünftige Veranstaltungen auf dem Gipfel statt. Ein Besuch lohnt zu jeder Jahreszeit. Im Winter, wenn der Raureif die Landschaft und das Kreuz in einen zauberhaften Schleier hüllt, ist das Erlebnis besonders intensiv.

Öffnungszeiten:
- Mai bis Oktober Montag 11 bis 16 Uhr, Dienstag bis Sonntag, Feiertag 10 bis 18 Uhr; November bis April Dienstag bis Sonntag, Feiertag 10 bis 16 Uhr
- Bei starkem Regen, Gewitter, Sturm oder Nebel bleibt das Josephskreuz aus Sicherheitsgründen geschlossen.

Eintritt Aussichtsplattform: Erwachsene 3,50 EUR, mit Kurkarte 2,50 EUR, Kinder 2 EUR

Weitere Aktivitäten:
- Wolfsdenkmal bei Dietersdorf: *harzlife.de/extra/wolfsdenkmal.html*
- Erlebnisbad Thyragrotte Stolberg: *gemeinde-suedharz.de/gemeindeleben/thyragrotte-angebote*
- Burgruine Questenberg: *harzlife.de/tip/questenberg.html*

Lage: Der Große Auerberg hebt sich markant als höchste Erhebung im Südharz ab und ist deshalb schon von Weitem zu sehen; Auerberg 1, 06536 Südharz

Anfahrt:
- Von der A38 Leipzig , A9/A14 Göttingen/A7, Abfahrt Berga nehmen, dort in den Ort bis zur Ampelkreuzung, rechts abbiegen Richtung Stolberg. Bis Rottleberode und dann direkt über Schwenda (28 Kilometer) zum Auerberg oder durch die Fachwerkstadt Stolberg (33 Kilometer)
- Von der B6n/A36 Abfahrt Quedlinburg, weiter über Gernrode und Harzgerode Richtung Stolberg bis zum Auerberg. (ca. 40 Kilometer) oder Abfahrt Wernigerode über Elbingerode, Rübeland, Hasselfelde, Stiege und Breitenstein(ca. 58 Kilometer)

Anfahrt: Ab Bahnhof Stolberg mit der Linie 254 oder 255 bis Auerberg; *hvb-harz.de/wp-content/uploads/2018/08/VTO-Fahrplan_08-2018_web.pdf*

Restaurant:
- Bergstüb´l: Familie Homann, Am Josephskreuz, 06536 Südharz, Tel. 034654 476, *bergstuebl-josephskreuz.de*

Website: *stadt-stolberg.de/auerberg*

HINWEISE:
- Ausnahmegenehmigung für die Auffahrt mit dem Auto für weniger rüstige Wanderer unter Tel. 034654 476
- Im Winter wird der Fahrweg vom Forsthaus Auerberg und die Alte Auerbergstraße bis nach Stolberg zur Rodelbahn.
- Schlittenverleih auf dem Auerberg für 2 EUR (pro Schlitten) am Josephskreuz an der Turmkasse, Rückgabe in Stolberg im Museum „Alte Münze" oder bei der Tourist-Information Stolberg.

44 Rhumequelle

EUROPAS DRITTGRÖSSTE FRISCHWASSERQUELLE

Eine der ergiebigsten Frischwasserquellen Europas, in idyllischer Lage im Waldgebiet von Rhumspringe gelegen, garantiert ein außergewöhnliches Erlebnis. Wo sonst kann man bei der Entstehung eines Flusses zusehen? Die Quelle ist ein sagenumwobener, idyllischer Ort inmitten artenreicher Natur, der schon in der Steinzeit als Kult- und Opferplatz genutzt wurde.

Die Karstquelle mit einem Durchmesser von rund 20 Metern wurde bereits bis zu einer Tiefe von neun Metern durch Taucher erforscht. Neben dem Hauptquelltopf gibt es noch über 350 Nebenquellen. Pro Sekunde können 900 bis 5500 Liter Quellwasser austreten. Die Wassermenge hängt von der Wettersituation ab und liegt im Durchschnitt bei 2500 Litern pro Sekunde. Das Wasser kommt nachweislich aus den Versickerungen der Harzflüsse Oder und Sieber, hat sich in den unterirdischen Hohlräumen und Spalten angesammelt und wird je nach Druckverhältnissen herausgepresst. Auf seiner langen Reise von zehn Kilometern durch ein etwa 350 Quadratkilometer großes Karstgebiet dient es als Transportmittel von täglich etwa 50 Tonnen Kalk und über 100 Tonnen Gips, die es durch ein unterirdisches Höhlensystem spült. Ein tief in die Erde reichender Bundsandsteinblock hindert dann plötzlich den Weiterfluss. So ist das Wasser, das durch 60 Meter Höhenunterschied bis nach Rhumspringe unter hohem Druck steht, zum Austreten durch die Erdoberfläche gezwungen. Hier wird man Zeuge, wie ein Fluss entsteht. Unter der Wasseroberfläche sieht man es sprudeln, kleine Luftbläschen steigen auf und zerplatzen.

Auf einem gut begehbaren Waldweg kann man die von hohen und dichten Bäumen umgebene Quelle bei einem zehnminütigen Spaziergang umrunden. Einige Wanderwege im Gebiet laden für längere Erkundungstouren ein. Die Wassertemperatur liegt im ganzen Jahr zwischen acht und neun Grad Celsius. Daher bleibt die Quelle auch im Winter eisfrei, was – zusammen mit der abgeschiedenen Lage in dicht bewaldetem Gebiet – für das Vorkommen von vielen verschiedenen Tierarten sorgt. Im klaren Wasser lassen sich Frösche, Molche, Regenbogenforellen und andere Fische beobachten. Mit etwas Ruhe und Geduld kann man hier auch seltene Vögel wie Eisvogel, Wasseramsel und sogar den Pirol erspähen. Häufiger sieht man das scheue Blesshuhn und viele kleine Wildenten. Im etwa zehn Kilometer entfernten Heinz-Sielmann-Naturerlebniszentrum auf Gut Herbigshagen wird die Flora und Fauna rund um die Quelle ausführlich erläutert.

Wasseramsel

Im Zuge von Sanierungsarbeiten Ende der 1990er-Jahre und der damit verbundenen Säuberungsaktion der Quelle gelang es Tauchern, einige interessante Relikte zu bergen. Bereits im Jahr 1966 erforschten Taucher die Gewässer, fanden aber lediglich eine kleine Christusfigur aus Metall. Durch die Abtragung und Aussiebung des Sediments bei den Maßnahmen im Jahr 1998 kamen zahlreiche Funde aus vorchristlicher Zeit ans Licht, die auf eine Besiedelung in der Jungsteinzeit hinweisen. Scherben von bandkeramischen Gefäßen (5000 bis 4200 v. Chr.) sind die ältesten Zeichen einer frühen Zivilisation. Weiter fand man eine Beilklinge (4000 v. Chr.) und ein Fragment einer bronzenen Nauheimer Fibel aus der vorrömischen Eisenzeit. Quellen galten immer als mystische Orte, und man ging davon aus, dass man durch die Quellmitte in die Welt der Götter übertreten konnte. Die Funde belegen, dass auch die Rhumequelle als Kult- und Opferstelle genutzt wurde. Sie ist sogar die einzige Quelle im Norden Mitteleuropas, für die ein Opferkult schon zu Zeiten der Bandkeramischen Kultur nachgewiesen werden konnte.

Solch ein mystischer Ort hat natürlich auch seine eigene Sage. Man sagt, es handelt sich um das Reich der Nixe Rhuma. Sie hatte eine Liebelei mit

Öffnungszeiten:
jederzeit zugänglich;
Führungen rund um die
Rhumequelle: Heimat- und
Fremdenverkehrsverein,
Tel. 05529 1789
Eintritt: kostenlos
Weitere Aktivitäten:
- Basilika St. Cyriakus Duderstadt:
  kirche-duderstadt.de
- Westerturm mit Schützenmuseum Duderstadt:
  tourismus.duderstadt.de/erlebnisvielfalt/das-westerturm-ensemble

dem Riesen Roma aus der verfeindeten Burg am Römerstein. Nachdem sie einen Knaben geboren hatte, wurde sei von ihrem Vater in eine Höhle verbannt. Viele Jahre später gelang ihr die unterirdische Flucht und sie trat als Wasserstrom wieder an die Erdoberfläche. Seither nennt man diesen Platz die Rhumequelle. Zur Erinnerung wird alle zwei Jahre im Herbst eines der Mädchen aus dem Ort zur Nixe Rhuma erkoren.

Schon wenn man durch den dichten Wald spaziert und das klare, blau-grünlich schimmernde Wasser erblickt, spürt man die Einzigartigkeit des Ortes. Die Ruhe, die hier unweit des besiedelten Ortes zu finden ist und nur vom Rauschen des Windes und Vogelgezwitscher durchbrochen wird, ist einmalig.

 **Lage:** Die Quelle liegt etwa acht Kilometer von Herzberg am Harz entfernt an der Verbindungsstraße L530 Herzberg-Rhumspringe im Landkreis Göttingen; An der Rhumequelle 6, 37434 Rhumspringe

Anfahrt: Über die A27, Abfahrt Pöhle oder Herzberg, dann der Beschilderung Richtung Rhumequelle folgen.

Anreise mit Bus und Bahn: Bis Bahnhof Herzberg, dann mit der Buslinie 454 bis Haltestelle Rhumasprung an der Rhumequelle

Website: *karstwanderweg.de/rhumequelle/1.htm*

HINWEISE:

- Ein kostenloser Parkplatz steht ca. 100 Meter von der Quelle entfernt zur Verfügung
- Gutes Schuhwerk ist nötig, da die Wege oft feucht sind.
- Der Weg um die Quelle ist mit Hilfestellung auch für Rollstühle zu meistern.
- Ein Fernglas erleichtert die Vogelbeobachtung.
- Bitte keine Münzen o. ä. in das Wasser werfen!

45 Steinkirche Scharzfeld

DAS ÄLTESTE GOTTESHAUS IM HARZ

Der Innenraum der rundbogigen Dolomitenfelshöhle ist fast 30 Meter lang und weist stellenweise eine Höhe von bis zu acht Metern auf. Forschungen von Archäologen und Auswertung verschiedener Schriften beweisen, dass die Höhle bereits im Hochmittelalter als Kirche genutzt wurde. Das bezeugt auch die aus Stein gehauene Kanzel, der Altar und das Weihwasserbecken. Der Vorplatz der Steinkirche diente, wie damals üblich, als Begräbnisstätte. Bis heute gelang es, rund 100 Gräber freizulegen und dank beigelegter Münzen auch zeitlich einzuordnen. Die letzte urkundliche Erwähnung stammt aus dem Jahr 1586, danach verliert sich jede Spur. Archäologen kamen zu dem Schluss, dass die Steinkirche danach einfach in Vergessenheit geraten war.

Eine Felshöhle auf dem Steinberg in Scharzfeld wurde laut einer Sage im Jahr 732 vom christlichen Missionar Bonifatius zum Gotteshaus geweiht. Die Felshöhle wurde fortan Steinkirche genannt. Sie ist die älteste Kirche im Harz und um sie ranken sich viele Mythen und Sagen.

Ausgrabungen zwischen 1925 und 1928 belegen die Nutzung der Höhle bereits während der Altsteinzeit. Das Fundmaterial wurde auf 15.000 bis 8000 v. Chr. datiert. Man fand ein Feuersteinmesser, eine Knochennadel und Tierknochen, die darauf schließen lassen, dass die Höhle als Unterschlupf und Lager für

In den Felsen gehauen – die Steinkirche

Rentierjäger diente. Weitere Funde verweisen auf die Nutzung durch Waldjäger um 5000 v. Chr. sowie Menschen während der vorrömischen Eiszeit um 500 v. Chr. Später diente die Höhle den Germanen als Kultstätte.

Auch in der heutigen Zeit übt die Höhle eine besondere Anziehungskraft aus. Besonders frequentiert ist sie während heidnischer Feste – Räucherstäbchen, Kerzen, getrocknete Kräuter und Malereien lassen auf diverse Versammlungen oder Rituale schließen. Touristen hingegen trifft man nur selten an.

Infotafel

Beim Betreten ist das Ende der Höhle in Dunkelheit gehüllt. Es dauert einen Moment, bis sich die Augen daran gewöhnt haben und

Blick aus der Steinkirche

man Einzelheiten erkennen kann. Das Mitbringen einer Taschenlampe zahlt sich auf jeden Fall aus. Wer ängstlich ist, sollte die
Höhle nicht unbedingt allein betreten. Besonders im Herbst, wenn
die Nebelschwaden über den Berg ziehen, ist es hier unheimlich.
Informationstafeln am Eingang zeigen Bilder der Ausgrabungen
sowie verschiedener Schriften und erklären diese. Weiter hinten
lässt sich ein Spalt in der Decke entdecken, der etwas Tageslicht
ins Innere lässt. Es wird erzählt, dass dort früher die Kirchen-
glocke hing. Neben dem Altar befindet sich im Boden ein
tiefer Schacht, der aus Sicherheitsgründen durch ein
Gitter verschlossen ist. Für welchen Zweck dieser
genutzt wurde, ist leider bis heute völlig unklar.

Öffnungszeiten:
Die Steinkirche
ist jederzeit
zugänglich.
Eintritt: Höhle und
Parkplatz sind
kostenlos.

Neben den historischen Beweisen ranken
sich auch viele Sagen und Legenden um die
Höhle. Eine davon besagt, dass der Missionar
Bonifatius die Höhle im 8. Jahrhundert mit
einem Holzhammer aus dem Stein gehauen
habe. Eine weitere Legende erzählt von einer
alten Wahrsagerin, die während der heidnischen
Zeit hier gelebt haben soll. Als ein Mönch und seine

Krieger sie aus der Höhle vertreiben wollten und sie verfolgten, wurde sie von einem Einhorn vor ihnen beschützt. Der Mönch rutschte in ein tiefes Erdloch und verschwand, was zur Entdeckung der nahe gelegenen Einhornhöhle führte.

Die Steinkirche ist unbedingt sehenswert und verzaubert die Besucher mit ihrer magischen Atmosphäre. Die alten Funde bestätigen die Vermutung, dass es sich hierbei um einen der ältesten Siedlungsplätze in Niedersachsen handelt.

Info

Lage: Die Steinkirche liegt in 37412 Herzberg im Harz OT Scharzfeld im Landkreis Göttingen.

Anfahrt: Von Herzberg am Harz Richtung Bad Lauterberg und Scharzfeld. B243/B27 Ausfahrt Richtung Scharzfeld, Burgruine, Einhornhöhle, Steinkirche. Der Harzstraße bis Scharzfeld folgen. Im Ort der Beschilderung Richtung Steinkirche folgen. Im Nordwesten des Ortes befindet sich die Brücke der B27 über das Mönchetal. Darunter befindet sich ein Parkplatz an dem man das Auto abstellen kann. Entsprechende Schilder weisen den Wanderweg (ca. 400 Meter) hinauf auf den Steinberg zur Höhle.

Weitere Aktivitäten:
- mittelschwere Rundwanderung ca. zehn Kilometer über die Steinkirche zur Einhornhöhle und Burgruine Scharzfels: *burgruine-scharzfels.de*
- Museum Schloss Herzberg: *oberharz.de/sommer/ kultur-im-harz/museum-schloss-herzberg*
- Gipskarstlandschaft Hainholz *nlwkn.niedersachsen.de/ naturschutz/schutzgebiete/die_einzelnen_ naturschutzgebiete/naturschutzgebiet- gipskarstlandschaft-hainholz-45122.html*

HINWEIS: Der Wanderweg ist nicht barrierefrei!

Tipps für den Harz mit Kids ...

DRAUSSEN

Bocksberg Hahnenklee Goslar: *erlebnisbocksberg.de*

Bürger- und Miniaturenpark Wernigerode: *buerger-und-miniaturenpark-wr.de*

Wildpark Christianental Wernigerode: *christianental-wernigerode.de*

Märchenwald Bad Harzburg: *maerchenwald-harz.de*

Baumwipfelpfad Bad Harzburg: *baumwipfelpfad-harz.de*

Naturmythenpfad Braunlage, mit zehn Mitmach-Stationen: *nationalpark-harz.de/de/natur-erleben/natur-erlebnispfade/naturmythenpfad*

Tiergarten Halberstadt: *halberstadt.de/de/tiergarten-freizeit.html*

Eselfarm, Eselwerk Derenburg: *eselwerk.de*

Alternativer Bärenpark Worbis: *baer.de*

... und Schlechtwetter-Attraktionen

DRINNEN

Luftfahrtmuseum Wernigerode:	*luftfahrtmuseum-wernigerode.de*
Feuerwehrmuseum Wernigerode:	*feuerwehrmuseum-wernige-rode.de*
Jump und Fun Park Känguroom Bad Harzburg:	*kaenguroom.de*
Indoor-Spielplatz Regenbogenland Bad Sachsa:	*kinder-treizeit-sport.de/kinder-regenbogenland*
HaWoGe-Spielemagazin, Indoor-Spielplatz:	*hawoge-spiele-magazin.de*
GlowGolf Harz, Schwarzlicht Minigolf in Wildemann:	*glowgolfharz.de*
Eisenbahn- und Spielzeugmuseum Quedlinburg:	*eisenbahn-spielzeug-museum.de*
Freizeit- und Erlebnisbad Bad Lauterberg:	*vitamar.de*
Steinkohle Besucherbergwerk Rabensteiner Stollen:	*rabensteiner-stollen.de*

Das kleine Wörterbuch

FÜR DEN HARZ

A

affwaschen – abwaschen

B

besopen – betrunken
Bengel – Junge
Blaumen – Blumen
Blaut – Blut
Bräjen – Gehirn
Buk – Bauch

D

dien – dein
Düntschel – Daumen
Disch taurechte maken – Tisch decken

E

Eierkauken – Eierkuchen
ek – ich

F

Farwen (bluu, jääl, gries, greun, witt) – Farben
Frue – Frau

G

Griffel – Hand

H

Huus – Haus
Hinderschten – Po

J

Jesichte – Gesicht

K

Kauken – Kuchen
Knei – Knie
Koken – Kochen

Kramms – Kinder
Külle – Kälte

L

Löppel – Ohr

M

Mäken – Mädchen
Maus – Mus (Apfel/Pflaumen)
mien – mein
Muul, Schnute – Mund
Muus – Maus

N

Näse – Nase
Nischel – Kopf

O

Oogen, Kullepm – Augen

S

Schauhe – Schuhe
Schaule – Schule
Schnei – Schnee
Stippstöreken – Geschichten

T

Tähne – Zähne
Tahlen (ein, twei, drei, veier, fünnef) – Zahlen
tauetrecke – zugezogen
Tohn, de Töhne – Zeh, Zehen
Tunge, Lickebrät – Zunge

U

ut – aus

W

Mandach, Dinsedach, Mlddewochen, Dönderdach, Friedach, Sünnaamt, Sönndach; vorjistern, jistern, hüte, morjen, öwwermorjen – (Wochentage, Tage)

Z

Zulleken – Haare

Register